Wighard Strehlow

Hildegard-Medizin

Wighard Strehlow

Hildegard-Medizin

Eine Einführung

Lüchow

Dieses Buch ist 1997 unter dem Titel »Hildegard-Medizin – kurz und praktisch« beim Bauer Verlag, Freiburg, erschienen.
Umschlaggestaltung: Nies-Lamott Design, Sternenfels
Umschlagfoto: Arnold Brunner, Horben
Satz: de·te·pe, Aalen
Druck und Bindung: Clausen & Bosse, Leck
Printed in Germany

ISBN 3-363-03040-1
www. luechow-verlag.de

Inhalt

Einleitung

Kein Mensch kann heilen, kein Arzt und keine Ärztin auf dieser Erde hat je von sich allein aus eine Heilung zustande gebracht. Was heilt, liegt im Inneren jedes Menschen geheimnisvoll verborgen. Heute kann die molekulargenetische Forschung die Erbanlagen für eine gute Gesundheit aber auch die Veranlagung zu Krankheiten und ihre Heilungsmöglichkeiten im genetischen Code des Menschen erkennen und entschlüsseln. Um den genetischen Code und seine geheimnisvolle Bedeutung vollständig zu verstehen, brauchen wir die Werkzeuge des Glaubens, d.h. Bescheidenheit und Ehrfurcht vor Gott und seiner Schöpfung. Gott selbst war der Programmierer dieses genetischen Materials, das sich auf seinen 23 Chromosomen im Kern jeder einzelnen menschlichen Zelle befindet. Von Beginn der Schöpfung an haben diese Gene wie Evangelisten ihre genaue unveränderliche Botschaft von einer Generation an die andere weitergegeben. Diese Botschaften enthalten Informationen zur Regenerationsfähigkeit, zum Wachstum und zur Fruchtbarkeit eines Menschen sowie zum Heilungsverlauf von Krankheiten. Diese Kräfte verfügen von Natur aus über ein Wissen um die Gesundheit und Heilung, was Hildegard von Bingen »Gemitus ad Deum« (Sehnsucht zu Gott und zum Heil) nennt und Dr. Benson auf englisch mit »remembered wellness« (Erinnerung an das Wohlergehen) bezeichnet. Diese Heilkräfte lassen sich daher auch am besten durch Gottvertrauen und den Glauben an eine Heilung aktivieren.

Hildegard von Bingen beschreibt bereits in ihrem ersten visionären Buch *Wisse die Wege (Scivias)* die sieben Heilkräfte der Seele als ein goldenes Viereck, wobei jede Ecke für ein Lebenselement (Feuer, Luft, Wasser, Erde) steht und die drei Teile die dreieinige Gottheit d.h. Gott Vater – den Schöpfer –, Gott Sohn – den Botschafter – und Gott Heiliger Geist – die Lebenskraft – darstellen. Wer um diese Heilkräfte weiß, kann sie durch Gebet und Meditation aktivieren, anregen und freisetzen. Wer sie nicht kennt, kann sie aus Unkenntnis blockieren, zuschütten oder ihnen im Wege stehen. In diesem Wissen liegt die ganze Weisheit der Medizin verborgen, und mit diesen Heilkräften steuert die Seele in jedem Geschöpf seit Anbeginn den Heilungsprozess. Ihr steht dazu eine ganze Armada von natürlichen Abwehrstoffen zur Verfügung.

Dazu gehören die körpereigenen Abwehrkräfte, die Eindringlinge (Bakterien, Viren, Pilze) erkennen, fangen und vernichten (Makrophagen oder Freizellen). Darüber hinaus besitzt der Körper auch spezifische natürliche Antibiotika, die nie resistent werden. Außerdem verfügt der Körper über Reparaturhormone, wie das körpereigene Cortison, das Entzündungen hemmt, sowie über erst heute entdeckte Reparatur- und Wachstumsstoffe wie z.B. die Atomgruppe Rhodan (auch Thiocyan genannt). Sie besteht aus den drei Urbausteinen Schwefel, Kohlenstoff und Stickstoff (SCN) und ist in allen Körperflüssigkeiten vorhanden, sogar schon in der Muttermilch, um bereits den kleinen Säugling in den ersten Tagen seines Lebens vor Krankheitserregern zu schützen.

Jede normale Wundheilung läuft daher auch von »alleine« ab und dauert zehn Tage. Diese Zeit kann niemand verkürzen, man kann sie jedoch verlängern, wenn die Wundheilungsvorgänge gestört werden, wie der nachfolgende Bericht zeigt.

Therapie-Erfolg:
Der Patientin C.H., 61 Jahre alt, wurde nach einem Unfall der Unterschenkel amputiert. Durch eine Wundinfektion blieb die Wunde am Stumpf offen, eiterte und reagierte al-

lergisch auf alle Medikamente. Die Patientin musste in der Klinik 17 Wochen lang alle möglichen Behandlungsmethoden über sich ergehen lassen. Alle denkbaren Antiseptika und Antibiotika der ersten, zweiten, dritten und vierten Generation konnten die Krankenhausinfektion nicht ausheilen. Schließlich wurde die Patientin, genauso wie sie eingeliefert worden war, mit offener Wunde entlassen. Zu Hause wurde sie sofort mit Schafgarbenkompressen, Schafgarbenpulver und -tee behandelt. (Für die Schafgarbenkompressen 3 EL Schafgarbe in 1 l Wasser aufkochen, absieben, die warmen Kräuter über einem sterilen Verband 1 Stunde als Kompresse auf der Wunde liegen lassen). Unter dieser Behandlung reinigte sich nicht nur die Wunde, sondern auch das Ekzem am Stumpf klang ab, und nach zehn Tagen war die Wunde so verschlossen, dass die Patientin eine Unterschenkelprothese tragen konnte. Die Wunde ist bis heute (drei Jahre danach) gut verheilt.

Rechnet man nur 300 DM Krankenhausaufenthalt pro Tag (ohne Heilmittel), so musste die Krankenkasse allein dafür schon 34 000 DM ausgeben. Hinzu kommen die Kosten für Ärzte und Heilmittel. Um wieviel kostengünstiger steht dazu im Vergleich die so einfache und billige Schafgarbenbehandlung nach Hildegard von Bingen?

Das vorliegende Buch gibt einen kurzen und praktischen Überblick über die visionäre Heilkunde der Äbtissin Hildegard von Bingen. Sie schrieb die einzige Heilkunde aus christlicher Sicht, bei der alle vier Heils- und Heilungsebenen berücksichtigt werden:

- die göttlichen Heilkräfte
- die kosmischen Heilkräfte
- die seelischen Heilkräfte
- die Heilkräfte des Körpers

Wäre Hildegard – wie damals üblich – nur 50 Jahre alt geworden, wäre sie schon allein mit ihrem theologischen Buch *Scivias* und ihrem Singspiel *Ordo virtutum* als große Theologin und Musikerin gefeiert worden, und das nicht nur in ihrer Zeit. Sie fand Anerkennung und war gesuchte Beraterin von Päpsten, Königen, dem einfachen Volk und sogar dem damals mächtigsten Kaiser, Friedrich I. Barbarossa (ca. 1125–1190), mit dem Hildegard freundschaftlich verbunden war. So aber schrieb sie noch mit 53 Jahren ihre Heilkunde über die Ursachen von Krankheiten und ihre Behandlung, *Causae et Curae,* sowie ein Buch über die Heilkräfte in der Natur, *Physica.* Mit 58 Jahren begann sie eine Heilkunde der Seele, *Liber Vitae Meritorum,* ins Deutsche neu übersetzt als *Psychotherapie der Hildegard v. Bingen* (Lüchow Verlag), und mit 65 Jahren ein Buch über die Heilung von Kosmos und Mensch, *Liber Divinorum Operum.* Mit diesen Büchern hat Hildegard von Bingen ein komplettes Werk über die Wege zum Heil und zur Heilung hinterlassen. Die bisherige offizielle Hildegard-Forschung hat die Hildegard-Medizin nicht nur 800 Jahre lang ignoriert, sondern hat das Heilswerk auch noch in zwei Hälften geteilt. Das künstlerische theologische Werk wurde als visionär anerkannt und das medizinische Werk als »nicht-visionär« zur Seite geschoben. Aber nur wer das Ganze sieht, kennt Hildegard von Bingen wirklich.

Die sechs goldenen Lebensregeln

Vorbeugen ist besser als heilen

»Wir sollten mehr tun, um Krankheiten vorzubeugen anstatt sie zu transportieren.«
Jean Flinn, Gründer und Pionier der australischen fliegenden Ärzte

Die Tatsache, dass die Gesundheit maßgeblich vom Lebensstil und der Ernährung abhängig ist, wird heute zwar weltweit wissenschaftlich akzeptiert, aber nicht praktiziert.

Zwei von drei Menschen der westlichen Welt leiden und sterben heute an ernährungsbedingten chronischen, d.h. sogenannten unheilbaren Zivilisationskrankheiten. Von den über 300 Milliarden DM, die allein in Deutschland von den gesetzlichen Krankenkassen jährlich ausgegeben werden, wird der Löwenanteil für die Behandlung dieser unheilbaren Zivilisationskrankheiten und nur ein winziger Anteil für die Vorbeugung von Krankheiten ausgegeben.

Das war nicht immer so: Ganz anders steht in allen großen Weisheitslehren der Welt die Erhaltung der Gesundheit im Mittelpunkt des Bewusstseins. Am deutlichsten hat es Hildegard von Bingen für die Menschen im westlichen Kulturkreis zusammengefasst. Angesichts der Tatsache, dass mit der modernen Schulmedizin 80 Prozent aller Krankheiten chronisch und damit unheilbar geworden sind, ist die Rückbesinnung auf eine Heilkunde, die in der Lage ist, diese sogenannten Zivilisationskrankheiten zu verhüten, geradezu lebensnotwendig. Dieser Heilkunde liegen die sechs goldenen Lebensregeln zugrunde, nach denen wir in den letzten Jahren Tausende von Patienten behandelt haben, größtenteils mit erstaunlichem Erfolg.

Zu einer gesunden, maßvollen Lebensführung gehören die sechs grundlegenden Lebensregeln *(sex reis non naturales* – sechs Lebensregeln, die dem Menschen nicht von Natur aus mitgegeben wurden), die der Mensch aus der Selbstverantwortung für sein seelisches und körperliches Heil heraus ständig regulieren, ordnen und mitgestalten sollte:

- Schöpfen Sie Lebensenergie aus den vier Weltelementen – Feuer, Luft, Wasser, Erde – durch positive Naturerlebnisse und natürliche Heilmittel.
- Achten Sie beim Essen und Trinken auf die Subtilität der Lebensmittel, also auf die nützlichen Kräfte, die die Natur für den Menschen bereithält.
- Bringen Sie Bewegung und Ruhe in ein gesundes Gleichgewicht.
- Regulieren Sie Schlaf- und Wachphasen zur Regeneration überstrapazierter Nerven.
- Fördern Sie die Ausleitung von Verunreinigungen und Schadstoffen aus dem Bindegewebe.
- Stabilisieren Sie seelische Abwehrkräfte: Erkennen Sie eigene Schattenseiten (Laster = Risikofaktoren); versuchen Sie, diese durch heilende Schutzfaktoren (Tugenden) auszugleichen.

»Eure Lebensmittel seien eure Heilmittel«

Hippocrates (460–377? v. Chr.)

Subtilität nennt Hildegard von Bingen die Heilkräfte, die von Natur aus in Lebensmitteln verborgen sind. Erst durch ihre genauen Angaben ist uns der gezielte Einsatz der Lebensmittel zur Behandlung und Vorbeugung von Krankheiten möglich. Besser als jedes andere Mittel kann der richtige Einsatz von Lebensmitteln zu den gewünschten Heilerfolgen führen. Heute bestätigen alle Ernährungsgesellschaften, dass mehr als 80 Prozent aller Krankheiten ernährungsbedingt sind. Es handelt sich dabei um die großen chronischen, d. h. unheilbaren Zivilisationskrankheiten, an denen heute zwei Drittel aller Menschen der westlichen Welt leiden. Es ist kein Wunder, dass diese Krankheiten unheilbar sind, weil der richtigen Ernährung viel zu wenig Aufmerksamkeit geschenkt wird oder weil die Angaben über den richtigen Einsatz einfach nicht ausreichen.

Hildegards Angaben finden heute durch zahlreiche wissenschaftliche Studien über die Heilkraft von Lebensmitteln immer mehr Bestätigung. Bereits vor 800 Jahren nimmt sie in ihrem Kapitel über den Weizen die gesamte Reformbewegung der Vollwerternährung voraus:

»Der Weizen erwärmt den Menschen und ist so vollwertig, dass er keine Zusatzstoffe braucht. Wenn man das richtige Weizenmehl (aus dem ganzen Korn) herstellt, wird das Brot aus diesem Vollkornmehl für Gesunde und Kranke nur gut und führt im Menschen zu rechtem Muskelfleisch und rechtem Blut.
Wenn der Müller dagegen den Grieß der Weizenkörner aussiebt und man aus diesem weißen Mehl Brot (oder

> Brötchen) backt, wird dieses Gebäck auf den Menschen krankmachender und schwächender wirken als aus Vollkornmehl. Dies Mehl hat nämlich seinen Weizenwert verloren und bewirkt im Menschen weit mehr Verschleimung als das richtige Weizenvollkornmehl.«

Noch schlimmer verschleimen Nudeln, die aus Weizen hergestellt werden, ganz gleich, ob aus Weißmehl, Vollkornmehl oder Grieß, denn:

> »Wer dagegen die Weizenkörner kocht und sie wie eine andere Speise essen will, der wird dadurch weder rechtes Fleisch noch rechtes Blut, sondern höchstens eine starke Verschleimung erhalten, weil eine solche Weizenspeise kaum verdaut werden kann.«

Dinkel, das Wunderheilmittel*

Das wichtigste Getreide ist das Urgetreide Dinkel (Triticum spelta). Seine Wirkungsweise auf den Menschen grenzt an ein Wunder, so dass man meinen könnte, es sei etwas Geheimnisvolles in ihm verborgen. Die Vitalisierung durch Dinkel wirkt sich auf den ganzen Organismus aus und ermöglicht Heilung und Regeneration.

Tatsächlich enthält er alles, was der Mensch zum Leben braucht: Eiweiß und Kohlenhydrate, Fett und Vitamine, Mineralien, Spurenelemente und die sogenannten sekundären Inhaltsstoffe, wie Geschmacks- und Heilstoffe. Diese neu entdeckten Heilstoffe fördern nicht nur das Wachstum der Zellen, sondern helfen auch, den Körper zu entgiften und ihn vor vielen tödlichen Tumorarten zu schützen.

* Eine Auswahl verschiedener Dinkelgerichte findet sich im Anhang, S. 178. Zahlreiche weitere Rezepte können Sie dem Buch *Die Ernährungstherapie der Hildegard von Bingen* entnehmen.

Hildegard von Bingen hat aus ihrer visionären Schau die Heilkräfte des Dinkels über alle anderen Lebensmittel gelobt, so dass sie zusammenfassend schreiben konnte:

> Dinkel ist das beste Getreide. Es wirkt wärmend und fettend, ist hochwertig und milder als alle anderen Getreidekörner. Wer Dinkel isst, bildet gutes Fleisch. Dinkel führt zu einem rechten Blut, gibt ein fröhliches Gemüt und die Gabe des Frohsinns. Wie immer zubereitet Sie Dinkel essen – so oder so – als Brot oder als eine andere Speise gekocht, Dinkel ist mit einem Wort gut und leicht verdaulich.«

Aufgrund jahrzehntelanger Erfahrung mit der Wirksamkeit von Dinkel zeigte sich, dass bei folgenden Erkrankungen durch Dinkel 80 Prozent Heilung und Linderung erzielt werden können:

- Magen-Darm-Erkrankungen
  Colitis ulcerosa (Dickdarmentzündung)
  Morbus Crohn (chronische Entzündung des unteren Dünndarms)
  Durchfall
  Obstipation (Verstopfung)
  Hämorrhoiden (Erkrankung des Enddarms)
  Divertikulose (Ausbuchtungen der Darmwand)
  Darmkrämpfe
  Zöliakie (chronische Verdauungsstörung bei Kleinkindern; Sprue bei Erwachsenen).
- Neurodermitis und andere Allergien
- Stoffwechselkrankheiten
  Fettstoffwechselstörungen
  Fettsucht
  Diabetes (Zuckerkrankheit)
- Chronisch-entzündliche Infektionen

Angina
Multiple Sklerose
AIDS
- Rheumatische Erkrankungen (chronische Polyarthritis)
- Geschwulsterkrankungen
Präkanzerosen (Gewebeveränderungen, häufig in Krebs übergehend)
Krebs
- Nervenleiden (Depressionen)
- Arzneimittelschäden (Antibiotikaschäden)
- Nahrungsmittelallergien (z. B. Weizen- und Haferunverträglichkeit)

Finnlandia-Studie

Neuste wissenschaftliche Studien von Dr. med. T. Adlercreuz in Helsinki (Finnland) bestätigen Hildegards Ernährungstherapie. In dieser sogenannten »Finnlandia-Studie« wurden innerhalb von 10 Jahren Vegetarier in verschiedenen Ländern untersucht (Adventisten, Makrobiotiker, Asiaten) und mit Personen mit einer sogenannten Zivilisationskost auf der Basis von viel Fleisch und Fett verglichen. Dabei zeigte sich, dass durch den erhöhten Fleisch- und Fettkonsum ein höherer Cholesterin- und Gallensäurespiegel entsteht, was wiederum zu einem höheren Sexualhormonspiegel führt. In dieser Gruppe treten viel mehr sexualhormonbedingte Tumorarten auf (Dickdarm-, Prostata-, Brustkrebs) als in der Gruppe der Vegetarier. Das geringere Krebsrisiko bei Vegetariern geht darauf zurück, dass bei vegetarischer Kost, wie z. B. Hildegards Dinkel-, Obst- und Gemüseküche, viele Ballaststoffe in den Dünndarm gelangen, wo sie Cholesterin und Gallensäure binden und der übernormale Hormonspiegel dadurch auf natürliche Art und Weise gesenkt wird.

Hafer ist fast so gut wie Dinkel, weil er Frohsinn und Gesundheit fördert. Kranke Personen sollten keinen Hafer essen, da er zu Verstopfung führen kann.

»Hafer erwärmt insbesondere die Geschmacksnerven und fördert den Geruchsinn. Hafer fördert bei gesunden Menschen ein fröhliches Gemüt, eine reine und helle Aufgeschlossenheit (Intelligenz), und die Haut wird schön und das Fleisch kernig gesund.
Menschen, die nur zeitweise wenig durchblutet sind, leiden nicht durch die Haferkost, wenn sie Haferbrot oder -brei essen.

Gerste *Roggen* *Weizen* *Hafer* *Dinkel*

Wer aber krank und blutarm ist (Anämie), soll keinen Hafer essen, weil seine Verdauung eine gute Durchblutung voraussetzt. Der Hafer würde sich in seinem Magen verklumpen und verschleimen und keine Heilkräfte abgeben, weil er zu sehr ausgekühlt ist.«

Roggen ist ein Schlankmacher für Übergewichtige. Dünne, schlecht durchblutete Menschen, besonders wenn sie an Gastritis leiden, können Roggen nicht gut verdauen.

»Roggen erhitzt den Menschen, obwohl er kühler als Weizen ist. Dafür hat er viele andere Werte. Gesunde essen mit Nutzen Roggenbrot, da es die Gesundheit stärkt. Roggenbrot sollten alle mit starkem Fettansatz essen, weil es sie kräftig macht, aber ihr Speckpolster mindert. Menschen mit schwachem Magen (Gastritis, mangelnde Magensäure) sollten kein Roggenbrot essen, weil sie es nicht verdauen können. Bei ihnen könnte Roggenbrot stürmische Verdauungserscheinungen auslösen, weil ihre Verdauung damit nicht fertig wird.«

Die berühmte Gerstensuppe taugt weder für Gesunde noch Kranke, da »Gerste eine auskühlende Wirkung hat, die frostiger und schwächer macht als alle anderen Getreidekörner. Gerste als Brot oder Suppe gegessen, verletzt gesunde und ausgekühlte, kreislaufschwache Menschen, denn die Gerste hat nicht die Heilkräfte der anderen Getreidearten.«

In flüssiger Form als Bier ist Gerste gut und bekömmlich, weil »Bier die Muskelpartien des Menschen wachsen lässt und es wegen der Stärke und Güte des Gerstensaftes eine schöne Gesichtsfarbe macht.« Das gleiche trifft nämlich auch für Dinkelbier zu, ein gutes Kräftigungsmittel für alle Kranken und Gesunden.

Gerstensaft aus gleichen Gewichtsmengen Hafer (3 EL) und Gerste (3 EL) mit 2 EL Fenchel in 1 l Wasser gekocht, ist ein vorzügliches Krankengetränk und bekommt selbst schwerkranken Patienten, die nichts mehr essen oder trinken können, gut. Es schützt sie vor Austrocknung.

Grünkern, der unreife Dinkel, ist kein geeignetes Lebensmittel, weil unreife Früchte ungenießbar sind und nicht die gleichen Heilkräfte besitzen wie die reifen. Das gleiche gilt für Keime, Sprossen und sonstige Gräser.

Problematische Lebensmittel

In der Hildegard-Küche gibt es, wenn man sie ohne Fanatismus und im rechten Maße betreibt, nur wenige Einschränkungen. Für viele Früchte und Gemüsearten liegen von Hildegard keine Beschreibungen vor, vor allem für solche, die erst durch die Entdeckung Amerikas nach Europa gekommen sind. Dazu gehören die Nachtschattengewächse Kartoffeln, Tomaten, Paprika und Auberginen, die aufgrund ihrer Inhaltsstoffe (Alkaloide) psychotrope Auswirkungen haben können. Man kann Tomaten und Kartoffeln hin und wieder auch in der Hildegard-Küche verwenden, aber eine Heilwirkung im Sinne Hildegards wird man mit diesen Gemüsearten nicht erreichen. Auf dem Küchenzettel von Krebskranken, insbesondere von Leukämiepatienten, haben Nachtschattengewächse allerdings nichts zu suchen, da sie diese Krankheiten noch verstärken können. Gemüsearten wie Artischocken und Schwarzwurzeln oder Früchte wie Avocados, Kiwis und ähnliche Exoten, zu denen es auch keinen Hildegard-Kommentar gibt, sollten in der Hildegard-Küche nur eine untergeordnete Rolle spielen und selten eingesetzt werden.

»Küchengifte«

Zu den klassischen »Küchengiften« gibt es allerdings Hildegard-Kommentare, die auf mögliche schwere gesundheitliche Schädigungen hinweisen:

Erdbeeren: verschleimen und führen zu Entzündungszuständen (Allergien, Ekzemen, Blinddarm- und Mittelohrentzündungen).

Pfirsiche: fördern die Verschleimung, zerstören die guten Säfte, wodurch Stoffwechselstörungen ausgelöst werden können.

Pflaumen: fördern die Melanche (»Schwarzgalle«/Gallensäure) und vermehren die Säuren (Harnsäure), wodurch es zu Stimmungsschwankungen, Depressionen und Rheuma kommen kann.
Lauch: zerstört das Abwehrsystem des Menschen, weil er das Blut und alle Säfte in ihr Gegenteil verdreht.

Man wird zwar nicht gleich tot umfallen, wenn man solche Küchengifte verwendet, aber bei empfindlichen Menschen kann eine Lauchsuppe durchaus einen Rheumaschub oder ein Ekzem auslösen.

Rohkostverbot: kein Müsli, kein Frischkornbrei!

Im Unterschied zu vielen anderen Naturheilverfahren vermeidet die Hildegard-Medizin absolut die Rohkost, denn »wenn der Mensch rohe Äpfel oder Birnen oder rohes Gemüse oder sonstige ungekochte Speisen genossen hat, die weder auf dem Feuer noch mit irgendeinem Gewürz zurechtgemacht wurden, so können diese in seinem Magen nicht fertig gekocht werden, weil sie vorher nicht zurechtgemacht waren«.

So steigen die schlechten Säfte aus den Speisen, die eigentlich auf dem Feuer oder mit irgendeinem Gewürz wie Salz oder Essig hätten zubereitet und neutralisiert werden müssen, zur Milz auf und verwandeln diese möglicherweise in eine schmerzhafte Geschwulst.

Wie unter einer Endoskopie beobachtet Hildegard insbesondere die Verfärbung des Magens durch Rohkost:

> »Wenn die Menschen zuweilen übermäßig viele Speisen gegessen haben, die entweder zu roh oder ungekocht oder halbgar und besonders fett und schwer oder auch saftlos

und trocken waren, dann können manchmal das Herz, die Leber und die Lunge und die anderen Wärmespeicher, die im Menschen sind, dem Magen nicht mit soviel und so starker Wärme beispringen, dass diese Speisen gar gekocht werden. Daher gerinnen sie im Magen, verhärten sich und werden schimmelig, so dass sie den Magen zuweilen etwas grün oder blaugrün oder auch bleifarbig machen oder mit viel Schleim belasten, so dass die schlechten Säfte die schädlichen übelriechenden Darmgase wie ein faulender Düngerhaufen durch den ganzen Körper aussenden.«

Wir wissen heute, dass sehr viele Rohköstler unter ständigen Darmgasen (Fäulnisgasen), dauerndem Frieren an Händen und Füßen und besonders an Gedächtnisstörungen leiden, weil der Kopf durch Rohkost schlecht durchblutet wird. Die natürliche Darmflora wird durch Rohkost geschädigt, geht in Fäulniserreger und sogar in Pilzinfektionen über, worunter speziell das Abwehrsystem leidet. Man wird also gut daran tun, in der Hildegard-Küche alles zu kochen, zu dünsten bzw. mit Beizen oder sogenannten Dressings vorher anzumachen und zu entgiften.

Dinkel vom ersten bis zum letzten Atemzug
Patienten berichten

Therapie-Erfolg: Lebensmittelunverträglichkeit – Dinkel in der Schwangerschaft.

»Vor und auch während der Schwangerschaft bestand die Ernährung ausschließlich aus Dinkel gemäß der Ernährungslehre der hl. Hildegard von Bingen. Keine Komplikationen während der Schwangerschaft, Blutbild immer in Ordnung. Das Kind kam zur Welt, hatte eine wunderbare, glatte und schöne Haut und ab dem ersten Tag regelmäßig Stuhlgang.

Da Stillen nicht möglich war, wurde im Krankenhaus mit Fertignahrung gefüttert. Diese Nahrung sollte mindestens sechs Wochen beibehalten werden. In der dritten Woche nach der Entbindung bekam das Kind Blähungen und festen Stuhl und hatte dann keinen Stuhlgang mehr. Auch die Haut wurde pickelig. Die Kinderärztin riet zu einer anderen Nahrung, d. h. einer anderen Marke, selbstgefertigte Nahrung lehnte sie ab. Aber auch danach keine Besserung. Gegen den Rat der Ärztin Nahrungsumstellung gemäß der Ernährungstherapie der hl. Hildegard. Bereits am ersten Tag hatte das Kind wieder einen guten Stuhl, und eine Woche später war die Haut auch wieder glatt und schön. Ab der siebten Lebenswoche Erhöhung des Dinkelschleims auf sechs Prozent, danach alle zwei Wochen Erhöhung des Dinkelschleims um ein Prozent, da das Kind sonst kein Sättigungsgefühl erreichte. Das Kind ist sehr fit, hält sich schon einige Zeit aufrecht, kann auch den Kopf schon sehr gut halten und ist sehr aufmerksam und neugierig. Es fühlt sich sichtlich wohl. Das Kind ist jetzt dreieinhalb Monate alt.«

Therapie-Erfolg: Lebensmittelvergiftung – Dinkelkost
»Am dritten Tag einer Israelreise begann nach dem Mittagessen bei fast allen Teilnehmern, einschließlich mir, ein heftiger Brechdurchfall mit starken Bauch- und Magenkrämpfen. Wir waren ausgerüstet mit allen möglichen Medikamenten, doch keines hat wirklich hilfreich gegriffen. Fünf Tage später – bei unserer Rückkehr nach Deutschland – war mein Zustand unverändert.
Ich fühlte mich sehr schwach und elend. Am nächsten Tag begann hier ein Exerzitien-Kurs mit 30 Teilnehmern, den ich mitgestalten sollte. Ich versuchte, mit Haferschleim meine Situation aufzufangen; mein Körper reagierte darauf mit Krämpfen im Oberbauch. So versuchte ich es mit Dinkelsuppe aus feinen Dinkelflocken, die ich dreimal

täglich zu mir nahm. Schon nach dem ersten Tag spürte ich eine Besserung; die Bauchkrämpfe hörten auf. Am dritten Tag war die wässrige Darmausscheidung vorbei, und es wurde ruhig in mir. Wenn ich meinen Allgemeinzustand beschreiben soll, würde ich das Bild eines Puzzles nehmen: Nichts passte zusammen. Ein allgemeiner Erschöpfungszustand, mangelnde Konzentrationsfähigkeit sowie Antriebsschwäche machten mir meinen Dienst sehr schwer.

Ich erlebte, wie zuerst mein Körper positiv zu reagieren begann und wie alle anderen inneren Funktionen allmählich begannen, sich zu verbinden: Zunehmende Kraft, Sammlungsvermögen, wache Sinne, ein innerer Frieden – ein immer größeres Wohlbefinden kam auf. Auf jede Mahlzeit, die »nur« aus Dinkelsuppe bestand, freute ich mich mehr.

Mit großem Staunen erlebte ich, wie in mir eine regelrechte Ordnungstherapie begann. Ich bin sonst ein Mensch, der die Abwechslung und Vielseitigkeit liebt, auch beim Essen; Monotonie kann mir schnell etwas überdrüssig machen. Ich staunte aufs neue, dass es mir mit der Dinkelsuppe ganz anders ging. Ich dachte über alles nach und entdeckte dabei, dass sich mir ein Weg aufgetan hatte, von dem ich zwar wusste, dass er ein guter Weg ist, aber nie dachte, dass er so tiefe ganzheitliche, heilende und ordnungstherapeutische Auswirkungen auf einen Menschen haben könnte. Ich durfte regelrecht Auferstehung feiern.

Ich bin bei dieser Basisnahrung geblieben, auch über die Zeit hinaus, und mache dabei kontinuierlich erstaunliche Entdeckungen:

- Ich entdecke die Vollwertigkeit des Dinkels und sein organisches Eingehen in meinen Organismus (Haferschleim konnte ich in der Krankheitssituation nicht integrieren, Dinkel bekam mir gut).
- Mein Nahrungsbedürfnis vereinfacht sich, d.h. meine Neigungen – auch Heißhunger nach Schokolade und

süßen Dingen – haben gänzlich nachgelassen. Ich erlebe eine Zufriedenheit, mit »wenigem«, aber Wesentlichem.
- Ich habe eine neue, tiefe und innere Beziehung zu meinen wesentlichen Grundbedürfnissen gefunden. Durch meine akute Erkrankung habe ich die heilende Wirkung des Dinkels an mir erfahren und bin darüber hinaus auf einen tieferen Weg zu mir selbst geführt worden.

Was mich erstaunt, ist, dass ich mich bei jeder Mahlzeit zuallererst auf die Dinkelsuppe freue – doch ich weiß auch warum: Weil dadurch mein ganzes Sein zur Zufriedenheit kommt. Ich habe alles, was ich für mein Leben brauche, und Wohlbefinden breitet sich aus. Rückblickend kommt hinzu, dass der Arzt bei einer Kontrolluntersuchung nach der schweren Lebensmittelvergiftung überraschend positive Werte (Leber, Niere, Blutdruck) vorfand. Dass also trotz des gesundheitlich schweren Zwischenfalls, »nur« mit der Heiltherapie des Dinkels, eine Verbesserung all dieser Werte erzielt wurde, die mit anderen Medikamenten in dieser kurzen Zeit nicht hätte erreicht werden können.«

Therapie-Erfolg: Reha nach Schlaganfall – Dinkel
»Ich bin 65 Jahre alt, habe vor drei Monaten einen Schlaganfall erlitten und war halbseitig gelähmt. Ich wurde in einer Klinik behandelt. Die ersten zwei Wochen lag ich auf der Intensivstation, dann kam ich auf die physikalische Station. Dort lernte ich wieder stehen und gehen. In der Klinik traf ich mit einem Ernährungsphysiologen zusammen, der mir sagte, dass in meinem Fall eine Ernährung mit Dinkel angezeigt wäre. Ich informierte mich näher und stieg mit meiner Frau auf diese neue Ernährungsweise um. Seitdem geht es mir bedeutend besser, es geht mit enormen Schritten aufwärts. Ich habe die Sprache vollkommen zurückgewonnen und mache inzwischen wieder meine

Gartenarbeit. Vom Schlaganfall her bin ich in keiner Weise mehr eingeschränkt, sondern vollkommen beweglich.«

Therapie-Erfolg: Terminale Kost – Dinkelkochwasser
S. R. berichtet:
»Die Schwiegermutter meines Bruders konnte 1992 im Krankenhaus wegen ihres wunden Gaumens nichts mehr essen. Man holte sie heim, weil man der Meinung war, dass sie auch zu Hause sterben könnte. Man fragte mich, ob ich noch Hilfe wüsste. Ich riet den Angehörigen, der Patientin ca. fünfmal täglich in kleinen Tassen eine Suppe aus Dinkelkochwasser mit Ei und Butter zu verabreichen. Nach kurzer Zeit schon war sie in der Lage, Dinkelgrießbrei zu sich zu nehmen und bald darauf wieder normale Kost. Ein gutes Jahr später, mit 94 Jahren, starb sie dann ganz friedlich bei ihrer Tochter in Schwerin.«

Heilmittel für die Seele

Spirituelle Kräfte und emotionelle Energie sind in der Lage, Körper und Seele wieder aufzutanken und Schwächezustände zu beseitigen. Dazu gehören besonders die von Hildegard beschriebenen fünf letzten seelischen Tugendkräfte Nr. 31–35 (siehe Tabelle S. 39):

31. Ehrfurcht und Respekt vor den Menschen und Entdeckung der eigenen Menschenwürde
32. Stabilität auf dem goldenen Weg der Lebensmitte
33. In allen Dingen des Lebens Gott im Mittelpunkt erkennen und verehren
34. Loslassen und Geschehenlassen
35. Himmlische Freude in allen Dingen suchen

»Gott kann man nicht sehen, aber in der Natur kann man ihn erkennen«, schreibt Hildegard. Man erkennt ihn in den regenerierenden Kräften der Natur, den sogenannten »Orten der Kraft« oder der »Vortex-Energie« (im Gebirge, in Seen, Wäldern, auf Berggipfeln), den Heilkräften in den Lebensmitteln, aber auch den spirituellen Kräften der Kunst. Bilder und Musik sind Tore, die die Seele öffnen. Beim Singen und Tanzen, Spazierengehen, Schwimmen, Gärtnern, beim Bücherlesen oder im Gespräch mit Freunden fließt diese Energie.

Das Wunder der Liebe

Die älteste und bewährteste Methode, sich mit diesen Kräften wieder aufzutanken, finden wir in den Momenten der Stille, der Einsamkeit und der Entspannung sowie bei Menschen, denen wir in Freundschaft und Liebe begegnen. Aber alle, die in der Gegenwart Gottes Stille suchen, haben den großen Vorteil, im Zentrum unbegrenzter Lebensenergie Liebe und Weisheit aufzutanken.

Ich empfehle daher, dass Sie sich möglichst zweimal täglich – z.B. morgens und abends – Zeit nehmen und an einen ungestörten Platz in Stille und Einsamkeit zurückziehen. Diese Momente der Stille können Sie aber auch in der Gemeinschaft mit anderen Menschen verbringen.

> *»Die Liebe überflutet das All.«*
> Hildegard von Bingen (1098–1179)
> *»Das Höchste in der Arznei ist die Liebe.«*
> Paracelsus (1493–1541)

Der amerikanische Arzt Larry Dossey schreibt in seinem Buch über heilende Worte *Healing Words – die Kraft des Gebetes und die Praxis der Medizin:*

»Wenn die Wissenschaft eine Droge entdecken würde, die so stark und wirksam wäre wie die Liebe, würde sie als medizinische Sensation gefeiert und über Nacht ein Verkaufsschlager werden. Darüber hinaus hätte sie keine Nebenwirkungen, und nichts ist so preiswert wie die Liebe!«

Bei einer klinischen Studie mit 10000 herzkranken Männern hatten 50 Prozent der Patienten deutlich weniger Herzschmerzen (Angina pectoris Schmerzen), wenn sie die Liebe und Zuwendung ihrer Ehefrau spürten.

Der »Mutter-Theresa-Effekt«: Die Heilkräfte der Liebe wurden bei amerikanischen Medizinstudenten an der Harvard Medical School getestet, denen man einen Dokumentarfilm über die charismatische Liebeszuwendung Mutter Theresas ihren Lepra-Kranken gegenüber zeigte. Dabei konnte experimentell gemessen werden, dass nach dem Film der natürliche Abwehrstoff Immunglobulin A (IGA) im Speichel beträchtlich angestiegen war. IGA ist ein wirksamer Antikörper, der bei der Abwehr von Viren (z.B. Grippeviren oder Herpesviren) eine entscheidende Rolle spielt.

Die Heilkraft der Liebe ist ein Naturgesetz, wirksam über Raum und Zeit. Mitgefühl, Zuwendung und Liebe schaffen das Klima, das über unsere Gesundheit entscheidet. Liebe lässt den Blutdruck sinken, vertreibt die Angst und Traurigkeit, kann das Wachstum von Tumoren stoppen, bewirkt Wunder und verändert das Leben.

Das Paradox der Liebe

Die Liebe ist aber auch unfassbar, nicht erzwingbar und ein Geheimnis Gottes.

Vor dem Hintergrund der Hiobsbotschaften im Alten Testament bekommt sie noch eine ganz andere, viel tiefere Dimension. Auch wenn Gott so unendlich viel liebt, erspart Er nicht die Wege des Leidens, der Trauer, der Krankheit und des Todes. Hiob musste auch die sogenannte »via negativa« – den Leidensweg – gehen (seine zehn Kinder starben, sein Reichtum und seine Gesundheit wurden ihm genommen), um ein neues Leben und eine neue Lebenseinstellung hinter dem Leid zu entdecken.

Auf dieser Erde wird es immer auch Schatten und Feinde geben, hinter denen aber immer auch Heilkräfte und Freunde stecken. Daher kann Jesus sagen: »Liebe deine Feinde!« Er sagt nicht: »Habe keine Feinde!«

Die Psychotherapie der hl. Hildegard

Hildegard von Bingen hat uns auf der Grundlage des Evangeliums eine Heilkunde hinterlassen, an der die Christen in den letzten 800 Jahren ahnungslos vorbeigegangen sind. In ihrem psychotherapeutischen Buch *Liber Vitae meritorum* – neu übersetzt mit dem Titel *Die Psychotherapie der Hildegard von Bingen* – beschreibt Hildegard 35 Kräfte im Unterbewusstsein als Paare jeweils eines Lasters und einer Tugend. Jedes dieser Paare besteht aus einem krankmachenden, seelischen Risikofaktor (Abwehrschwäche, Laster, Belastung, Mangel, Konflikt, Problem) und einem heilenden seelischen Abwehrprinzip, das sie Tugend nennt und das auf die uralten Werte der Menschheit zurückgeht. In aller Ausführlichkeit schildert Hildegard die körperlichen Symptome und Krankheiten, die von den jeweiligen seelischen Risikofaktoren ausgelöst werden können. Wenn man die körperlichen Symptome im tiefsten Sinne versteht, kann man hinter ihnen die seelischen Ursachen erkennen und den Körper von seinen Belastungen befreien. Hildegard nennt diese seelischen Abwehrstoffe das stärkste Militär und sieht sie als kosmische Energien, die in kreisenden, schwingenden Scheiben mit den neun Chören der Engel und Erzengel, der Kräfte und Mächte, Fürsten, Heerscharen, Thronen, Cherubimen und Seraphinen dem Menschen in seiner Not helfen. In der Mitte dieses gewaltigen Energiezentrums ist eine strahlend weiße Scheibe, Sitz und Ursprung der göttlichen Heilenergie, die alles in Bewegung setzt und heilt, regeneriert und harmonisiert. In diesem strahlenden Zentrum steht die Viriditas, die Lebenskraft, die allen Geschöpfen gemeinsam ist.

> »Kein Baum grünt ohne diese Kraft; kein Stein entbehrt der grünenden Feuchtigkeit, kein Geschöpf ist ohne diese Eigenschaft. Die lebende Ewigkeit selbst ist nicht ohne diese Kraft zum Grünen.«

Das Ziel der Hildegardischen Psychotherapie ist nun ein Mensch, der im vollen Besitz seiner Persönlichkeit ist und bewußt seine Stärken und Schwächen erkennt und akzeptiert. Aber wo sind nun die Quellen dieser heilenden Energien?

Für Hildegard von Bingen liegt das heilende Prinzip im Menschen selbst verborgen. Der Mensch ist eine Synthese von Himmel und Erde, ein Kind des Himmels und der Erde, und alle Heilkräfte sind in ihm verborgen.

»Oh Mensch, sieh den Menschen an!
Der Mensch hat nämlich Himmel und Erde
und alles, was geschaffen ist,
in sich in einer Gestalt vereinigt,
und alles liegt in ihm verborgen.«

Die Praxis der Psychotherapie

Die Kunst der Psychotherapie besteht nun darin, die eigenen Schwächen und Fehler anhand der nachfolgenden Tabelle selbst herauszufinden und sie zu lieben. »Liebet eure Feinde!« Damit man dahinter seine Stärken und Heilkräfte erkennt, steht hinter jeder Schwäche auch eine Heilkraft! In 28 Fällen ist das Hildegard-Fasten das Universalheilmittel, um die Schwächen in Stärken zu verwandeln und ins Gleichgewicht zu bringen. Es ist ein Irrtum zu glauben, dass der Mensch auf diesem Stern in der Lage sei, ohne Schwächen und Leidenschaften auszukommen. Aber allein schon die Einstellung auf das Positive bewirkt auch im Körper die Wandlung zur Heilung.

In sieben Fällen (die Kräftepaare sind mit einem Stern* gekennzeichnet) darf nicht gefastet werden. Hier helfen die Aufbauwochen sowie eine Reduktionsdiät mit Dinkel, Obst und Gemüse.

In Fällen von Immunschwäche, Erschöpfung oder Kraftlosigkeit, fragen Sie sich: Was fehlt mir?

Gehen Sie alle Kräfte von 1–35 auf der rechten Seite der Tugendtabelle durch. Man kann sich aber auch fragen:

Bin ich ein Fall von Lieblosigkeit, Disziplinlosigkeit, Ausgelassenheit, Hoffnungslosigkeit? und alle Schwächen von 1–35 durchgehen.*

Das Ziel der Hildegardischen Psychotherapie ist es, im vollen Besitz seiner Persönlichkeit zu sein und bewusst seine Stärken und Schwächen zu erkennen und zu akzeptieren. Dadurch werden die seelischen Blockaden entfernt, die einer vollständigen Heilung von Körper, Seele und Geist im Wege gestanden haben.

Mein eigenes Persönlichkeitsprofil

Negative Kräfte (Laster)	*Positive Kräfte (Tugenden)*
1. Amor saeculi* (Weltliebe)	Amor caelestis (Liebe zum Himmlischen)
2. Petulantia (Ausgelassenheit)	Disciplina (Zucht)
3. Joculatrix (Vergnügungssucht)	Verecundia (Bescheidenheit)
4. Obduratio (Unbarmherzigkeit)	Misericordia (Mitgefühl)
5. Ignavia (Resignation)	Divina victoria (Gottvertrauen)
6. Ira (Zorn)	Patientia (Geduld)
7. Inepta laetitia (Schadenfreude)	Gemitus ad Deum (Sehnsucht nach Gott)
8. Ingluvies ventri (Schlemmerei)	Abstinentia (Enthaltsamkeit)
9. Acerbitas (Engherzigkeit)	Vera Largitas (Großzügigkeit)
10. Impietas (Gottlosigkeit)	Pietas (Güte, Hingabe)

* Wenn Sie weiterführende Literatur zum Umgang mit den Lastern und Tugenden wünschen, kann ich das Buch *Die Psychotherapie der Hildegard von Bingen* empfehlen. Dort finden Sie in den jeweiligen Kapiteln ausführliche Informationen.

11. Fallacitas (Lüge)	Veritas (Wahrheit)
12. Contentio (Streitsucht)	Pax (Friede)
13. Infelicitas* (Schwermut)	Beatitudo (Seligkeit, Glück)
14. Immoderatio (Maßlosigkeit)*	Discretio (Maß)
15. Perditio animarum* (Atheismus)	Salvatio animarum (Seelenheil)
16. Superbia (Hochmut)*	Humilitas (Demut)
17. Invidia (Neid)	Charitas (Nächstenliebe)
18. Inanis gloria (Ruhmsucht)	Timor Domini (Gottesfurcht)
19. Inobedientia (Ungehorsam)	Obedientia (Gehorsam)
20. Infidelitas (Unglaube)	Fides (Glaube)
21. Desperado (Verzweiflung)	Spes (Hoffnung)
22. Luxuria (Wollust)	Castitas (Keuschheit)
23. Injustitia (Ungerechtigkeit)	Justitia (Gerechtigkeit)
24. Torpor (Stumpfsinn)	Fortitudo (Tapferkeit, Stärke)
25. Oblivio (Gottvergessenheit)	Sanctitas (Heiligkeit)
26. Inconstantia* (Unbeständigkeit)	Constantia (Beständigkeit, Beharrlichkeit)
27. Cura terrenorum (Sorge für das Irdische)	Caeleste desiderium (Sehnsucht nach Himmlischem)
28. Obstinatio (Hartherzigkeit)	Compunctio cordis (Zerknirschung)
29. Cupiditas (Habsucht)	Contemptus mundi (Weltverachtung)
30. Discordia (Zwietracht)	Concordia (Eintracht)
31. Scurrilitas (Schrulligkeit)	Reverentia (Ehrfurcht)
32. Vagatio (Umherschweifen)	Stabilitas (Beständigkeit)
33. Maleficium (Teufelsdienste, Zauberei)	Cultus Dei (Gottes Dienst)
34. Avaritia (Geiz)	Sufficientia (Genügsamkeit)
35. Tristitia saeculi* (Weltschmerz)	Coeleste gaudium (Himmlische Freude)

Heilmittel für den Körper

Neben dem seelischen Heilmittelschatz stehen dem Körper nahezu 2000 Heilmittel und Heilungsanweisungen der Hildegard-Medizin zur Verfügung. Über den Ursprung schreibt Hildegard in ihrem letzten kosmisch-visionären Buch *Liber Divinorum Operum:*

> »In der gesamten Schöpfung, in den Bäumen, Pflanzen, Tieren, Vögeln und sogar in den Edelsteinen sind geheimnisvolle Heilkräfte für den Menschen (Subtilitäten -Mysterien) verborgen, die niemand wissen kann, wenn sie einem nicht von Gott geoffenbart werden.«

Diese Heilmittel stehen in der *Physica* und dem medizinischen Lehrbuch *Causae et Curae* (Ursachen und Behandlung der Krankheiten), die Hildegard mit 53 Jahren verfasst hat. In dem letztgenannten schreibt Hildegard:

> »Diese Heilmittel sind von Gott gewiesen, und der Mensch wird von seinen Krankheiten befreit oder Gott will (noch) nicht, dass er gesund wird.«

Das heißt, wenn die Voraussetzungen noch nicht vorhanden sind oder der Mensch durch einen stressigen Lebensstil oder die ständige Einnahme von »Gift« (Chemotherapie, Dauermedikation chemischer Mittel, Diätfehler) seine eigene Heilung blockiert, kann er noch nicht gesund werden. Aber auch wenn alle diese Bedingungen erfüllt sind, kann man eine Heilung nicht erzwingen.

Im gesamten christlichen Abendland hat es derartige Heilmittel, die aus einer visionären Quelle stammen, noch nie gegeben. Nur Hildegard beruft sich auf die göttliche Autorität: »Diese Heilmittel stammen aus der Weisheit Gottes.« Heilmittel aus der Hand des Schöpfers haben natürlich auch in Übereinstimmung mit den Naturgesetzen eine optimale Wirksamkeit.

In diesem Ratgeber sind die erfolgreichsten Rezepturen der Hildegard-Heilmittel, durch die Tausende von Patienten Heil und Heilung erfahren haben, kurz und praktisch zusammengefasst.

Hildegard-Fasten

Der Drachenkampf von Weltenburg

In meisterhafter Vollendung haben die beiden Asambrüder den Kampf des Menschen gegen seine seelischen Belastungen auf dem Altar der Benediktiner-Abtei Weltenburg an der Donau symbolhaft wiedergegeben. Auf dem Altar erhebt eine angstergriffene Frau ihren Arm schützend gegen einen feuerspeienden Drachen (ihren eigenen seelischen Schatten), während der hl. Georg dazwischenreitet, um mit seiner Lanze (der göttlichen Kraft – der Tugend) den Drachen zu töten.

Genauso kann man auch im Hildegard-Fasten seine eigenen Schattenseiten erkennen, die schützenden, heilenden und regenerierenden seelischen Heilmittel auf sich wirken lassen, um sich Klarheit über seine Lebenssituation zu verschaffen. Besonders gut hat sich das Fasten bei schweren Lebenskrisen bewährt, wenn z.T. chronisch gewordene Krankheiten trotz aller auch noch so gut ausgewählter Hildegard-Heilmittel nicht verschwinden wollen. Das Fasten ist auch besonders gut geeignet, um sich selbst über eine schwierige, weitreichende Lebenssituation Klarheit und Erleuchtung zu verschaffen, etwa bei der Partner- oder Berufswahl, bei der Überwindung von Lebenskrisen oder im Klimakterium bei der Bewältigung von neuen Lebensabschnitten.

Die Praxis des Hildegard-Fastens

Das Hildegard-Fasten ist eine einfache Methode, um den Körper von seinen Gift- und Schlackenstoffen zu reinigen und die Seele von ihren Belastungen zu befreien. Hildegard empfiehlt das Fasten als psychotherapeutisches Universalmittel für 28 von 35 seelischen Krankheiten. Die meisten Leute sind ganz erstaunt, dass sie völlig ohne Essen aktiv, fröhlich und leistungsfähig sein können. Dabei ist das Fasten eine natürliche Methode. Einige Tiere sind große Fastenkünstler und erbringen die größten Leistungen in der Fastenzeit; z.B. verkriecht sich die Bärenmutter in ihre Höhle und bringt im Winter meistens zwei Junge zur Welt, die sie, ohne zu fressen und zu trinken, allein von ihrem Fett ernährt. Putzmunter kommt die Familie Bär im Frühjahr wieder aus ihrer Höhle. Der Hirsch verzichtet in seiner Brunftzeit auf das übliche Futter, um bei seinen Hirschkühen für Nachwuchs zu sorgen, wobei er darüber hinaus seine Rivalen meist unter lebensgefährlichen Kämpfen in die Flucht schlägt.

Genauso ist das Fasten für den Körper eine Erholung, da er die tägliche Verdauungsarbeit einspart und die freiwerdende Energie für seine Regeneration verwendet. Die Seele erholt sich beim Fasten, da sie sich der Flut der täglichen Probleme und Gedanken besser widmen kann, wenn der Körper entlastet ist. Dadurch ist der Mensch zu geistigen Höhenflügen fähig, weil alles aus dem Weg geräumt wird, was uns von Gott trennt.

Die drei Schwierigkeitsstufen des Fastens

1. Die leichteste Fastenform: Dinkel, Obst und Gemüse

Das Dinkelfasten erfolgt nach einer vier- bis sechswöchigen konsequenten Basisdiät mit Dinkel, Obst und Gemüse und ist grundsätzlich für alle Menschen geeignet. Ein Übermaß an tierischem Eiweiß und Milcheiweiß sowie zu fettreiche Speisen sind zu meiden. Man sollte sich mindestens eine Stunde pro Tag in irgendeiner Form an der frischen Luft bewegen, wobei auch Tanztherapie, Gymnastik, Atmungs- und Haltungstherapie sowie andere bewährte Bewegungstherapien auf dem Tagesplan stehen können. Konflikte, Folgen von Überlastung, Frustration, Ärger, Angst, Ehrgeiz und andere Stressformen, die zu funktionellen und organischen Störungen führen können, müssen in dieser Zeit durch die Hildegard-Psychotherapie (s. weiter oben) überwunden werden.

Beim Dinkelfasten wird dreimal am Tag Dinkel in irgendeiner Form angeboten, wobei auch Gemüse, Obst und Salate in der breitestmöglichen Palette, den Jahreszeiten angepasst, auf dem Tisch erscheinen. Eine Auswahl an Dinkelrezepten finden Sie im Anhang, S. 178.

Ernährungsplan beim Dinkelfasten

Morgens: Habermusvariationen: Schrotbrei, Körner, Porridge, Frühstücksbrötchen usw.

Mittags: Dinkelreis, Dinkelnudeln, Dinkelspätzle, Dinkelgrieß, Dinkelknödel mit Gemüse und Edelkastanien, Dinkelkopfsalat, Obstsalat

Abends: Dinkelschrotbrei, Grießsuppe oder Dinkelbrot mit Butter bzw. Kräuterkäse

2. Das Brotfasten: die Dinkelreduktionskost

Bei der Dinkelreduktionskost isst man in zweitägigem Wechsel die normale Hildegard-Diät und nimmt an Reduktionstagen ausschließlich Dinkelbrot und Fencheltee zu sich, wobei auch Dinkelkopfsalat zum Mittagessen gereicht werden kann. Auf tierisches Eiweiß, Milcheiweiß und tierisches Fett (Butter) muss an den Reduktionstagen verzichtet werden. Von dieser Reduktionskost kann man sich lange Zeit, bis zu sechs Monate lang, ohne jegliches Gesundheitsrisiko ernähren. Besonders bei Übergewichtigen und Bluthochdruckpatienten sowie Stoffwechselkranken ist diese milde Methode sehr beliebt. Es entsteht weder ein Hungergefühl noch wird der Appetit stimuliert, da am Reduktionstag nach Bedarf Dinkelbrot und Fencheltee bzw. Dinkelkaffee in beliebiger Menge zur Verfügung stehen. Aus der großen Erfahrung berühmter Fastenärzte weiß man, dass Menschen bis zu zehn Jahre lang unter extremen Bedingungen von Vollkornbrot und Wasser leben können. Da an den Reduktionstagen keine tierischen Eiweiße oder Fette angeboten werden, ist der Körper gezwungen, seine eigenen Eiweiß- und Fettspeicher abzubauen, wobei sowohl eine Gewichtsreduktion als auch eine Entschlackung und Umstimmung bei ernährungsbedingtem Übergewicht erfolgen.

Therapie-Erfolg:
Ich möchte das Beispiel eines 36 Jahre alten Fastenpatienten erwähnen, der sich nach einer Hildegard-Fastenkur entschloss, sein Körpergewicht von 143 kg – bei einer Größe von 182 cm – durch eine Dinkelreduktionskost weiter zu senken. Nach sechseinhalb Monaten hatte der Patient insgesamt 46 kg abgenommen und sah blendend aus. Zusätzlich brachte ihm diese Kur eine eiserne Disziplin. Ohne Eile und Stress konnte er jetzt seine Arbeit verrichten, er, der früher »nie fertig« wurde.

Ernährungsplan bei Dinkelreduktionskost
Am ersten Tag normale Hildegard-Küche mit Dinkel, Obst und Gemüse, also abwechslungsreiche Mischkost, wobei auch Fleisch und Milcheiweiß als Beilagen gereicht werden können.
Am Reduktionstag:
Morgens: Habermus mit Apfelkompott, Zimt und Dinkelkaffee

Mittags: Dinkelkopfsalat, Dinkelreis, Dinkelgrießsuppe, Dinkelschrotbrei, Dinkelnudeln ohne Ei
Abends: Dinkelbrot und Fencheltee

3. Das Hildegard-Fasten

Das Hildegard-Fasten ist die schwierigste Fastenform. Daher sollte es am besten nicht allein, sondern – vor allem wenn man das erste Mal fastet – gemeinsam mit anderen durchgeführt werden. Es besteht darin, nichts zu essen, sondern acht bis zehn Tage lang nur ein Fastengetränk zu sich zu nehmen, das nach dem Subtilitätsprinzip, d.h. nach dem Heilwert der Nahrungsmittel, ausgesucht wird:

- Dinkelkaffee, Fenchel- und Kräutertee
- Dinkelgrieß-Gemüse-Suppe
- Obstsäfte, z.B. Apfel- oder Traubensaft, mit Fencheltee vermischt

Der Fastenernährungsplan

Morgens: Man beginnt den Tag damit, dass man Dinkelkaffee oder Fencheltee trinkt, eventuell gesüßt mit 1 TL Honig

Mittags: Mittags trinkt man eine Dinkelfastenbrühe (Dinkelgrießsuppe) mit viel Gemüse. Das folgende Rezept gilt für zwei Personen:

Dinkelfastenbrühe (für zwei Personen): 300 g Gemüse (Fenchelknollen, grüne Bohnen, Karotten, Sellerie, Petersilienwurzel), Wasser, 2 EL Dinkelgrieß, gehackte Kräuter (Petersilie, Beifuß, Gundelrebe, Liebstöckel, Menge nach Geschmack), Gewürze (Bertram, Quendel, Galgant, Muskat, Menge nach Geschmack), 1 Prise Salz

Das Gemüse fein schneiden, bei offenem Topf in wenig Wasser dünsten und pürieren. Dinkelgrieß 5 Minuten in 1 l Wasser aufkochen. Püriertes Gemüse dazugeben, kurz aufkochen, würzen und mit Salz abschmecken.

Abends: Abends trinkt man Fencheltee mit Apfelsaft oder eine Dinkelkörnerbrühe

Dinkelkörnerbrühe: 300 g Gemüse (Fenchelknollen, Sellerie, Bohnen, Karotten, Rote Beete, Petersilienwurzel), 1 Tasse Dinkelkörner, Kräuter und Gewürze s.o., 1 l Wasser

Das fein geschnittene Gemüse und die übrigen Zutaten (Kräuter erst kurz vor Ende der Garzeit zugeben) werden 20 Minuten im Wasser aufgekocht. Das Ganze absieben und die Flüssigkeit warm trinken.

Der Fastenbeginn

Man beginnt das Hildegard-Fasten mit einer Darmentleerung durch Ingwer-Gewürzmischung und Einlauf. Mit der Ingwer-Gewürzmischung erreicht man bei allen Hildegard-Fastenformen ein mildes Umschalten auf die körpereigene Selbstversorgung aus den Schlacken des Bindegewebes, wobei nur die schlechten Säfte den Körper verlassen und die guten erhalten bleiben.

Bratäpfel zum Fastenbrechen: 4 säuerliche Äpfel, 2 EL gemahlene Mandeln, 2 EL Honig, 1 TL Zimt

Kerngehäuse ausstechen und die Öffnung mit einer Mischung aus Mandeln, Honig und Zimt füllen. Im Backofen bei 200 Grad weich backen,

Krankheiten von A – Z

Augenprobleme

In Abhängigkeit von ihrer Irisfarbe beschreibt Hildegard fünf Augentypen: blaue Augen, feurige Augen, gemischte Augen, grüne Augen, braune Augen.

»Blauäugige Leute sind manchmal leichtsinnig, manchmal überstürzt oder (auch) ausgelassen oder träge oder unbeholfen. Aber alles, was sie tun, machen sie gründlich. Wer feurige hat, ist klug, von scharfem Verstand und jähzornig. Menschen mit gemischten Augen sind etwas wankelmütig, nämlich einmal traurig, einmal vergnügt, jedoch sittlich zuverlässig. Jene mit grünen Augen sind unbeständig, leichtsinnig und listig, aber dennoch geschickt für Handarbeiten, so dass sie schnell begreifen, was sie noch nicht kennen. Wer braune Augen hat, ist klug, für gute Ratschläge offen, aber ängstlich bei all seinem Tun.«

Augenmittel Nr. 1: Blaue Augen (luftempfindliche Augen)
Universalheilmittel: Fenchel (Fencheltee, Fenchelkompressen, Fenchelbäder, Fenchelsaft)

Fencheltee: 1 TL Fenchelsamen, 125 ml Wasser

Fenchel und Wasser 3 Minuten aufkochen, absieben. Leinen oder Mull mit Fencheltee befeuchten, warm (nicht verbrühen!) auflegen, öfter erneuern.

Augenmittel Nr. 2: Feurige Augen (Augen mit einem deutlichen Ring um die Pupillen)

Veilchen-Rosen-Fenchel-Wein: 6 ml Veilchentinktur, 12 ml Rosentinktur, 4 ml Fencheltinktur, 50 ml Frankenwein

Die Tinktur und den Frankenwein (oder guten Kabinettwein) mischen. Vor dem Schlafengehen Augenlider damit befeuchten.

Augenmittel Nr. 3: Gemischte Augen (graue Augen mit allen Mischfarben – Augen, die empfindlich auf Bildschirme und helles Licht reagieren, z. B. flimmernde Wasser- und Schneeflächen)

Zinkwein: 0,5 g Zinkoxid, 0,2 g metallisches Zink, 10 ml Frankenwein

Zinkoxid und Zink 3 Tage in Frankenwein (oder guten Kabinettwein) legen, abfiltern. Abends Augenlider befeuchten. Der Zinkwein hat sich auch bei Heuschnupfen mit brennenden, juckenden Augen bewährt.

Augenmittel Nr. 4: Grüne Augen

Fenchelkrautkompresse: 1 EL Fenchelkraut, 1 Ei Fenchelkraut zu Brei verreiben oder im Winter Fenchelsamenpulver mit dem Eischnee von 1 Ei vermischen. Als Packung vor dem Schlafengehen 1 Stunde lang einwirken lassen.

Augenmittel Nr. 5: Braune Augen (von Natur aus reine, braune Augen, reagieren empfindlich auf Luftfeuchtigkeit, Nebel und Gewässer – bei Wohnortwechsel berücksichtigen!)

Weinraute-Wein-Honig: 10 Tropfen Weinrautesaft, 1 TL Honig, $^1/_2$ TL Frankenwein

Saft, Honig und Frankenwein (oder guten Kabinettwein) vermischen. Abends damit die Augenlider befeuchten.

Universal-Augenmittel zur Verbesserung der Sehkraft

Frühlingsapfelbaumsaft:
Im Frühling Apfelknospenblätter mit dem Wolf zu saftigem Brei verarbeiten, im Verhältnis 1:1 mit einfachen Rebtropfen mischen und abends als Mull- oder Leinenkompresse mit Augenklappe für mindestens 1 Stunde auflegen, doch so, dass nichts in die Augen kommt. Im Frühling täglich wiederholen, solange es Apfelblüten gibt. Leider lässt sich der Frühlingsapfelbaumsaft nicht konservieren. Diese Kur ist die durchgreifendste Universalmethode für das Auge, ob sie nun Hornhaut, Regenbogenhaut oder Netzhaut betrifft.

Augentrübung, Bindehautentzündung, Sehschwäche, Starbildung

Einfache Rebtropfen:
Man sammle im Frühjahr nach dem Ausschnitt der Reben die Flüssigkeit morgens vor 12 Uhr in sterilen Gefäßen. Im Kühlschrank ein Jahr ungeöffnet haltbar. Mehrmals täglich die Augenlider damit befeuchten. Nichts ins Auge kommen lassen.

Sehstörungen, grauer und grüner Star

Veilchenöl: 3 EL Veilchenblüten und -blätter, 500 ml Oliven- oder Fenchelöl

Blüten und Blätter in Öl entweder 10 Tage in der Sonne stehen lassen und absieben oder vorsichtig erhitzen und absieben. Abends die Augenlider rundum befeuchten, nichts ins Auge kommen lassen.

Sehschwäche, Sehkraftminderung, beginnender grauer (Katarakt) und grüner Star (Glaukom)

Topaswein: 1 Goldtopas, 20 ml Frankenwein

Topas 3 Tage und 3 Nächte in 1 Likörglas Wein liegen lassen. 5 Tage lang vor dem Einschlafen Augenlider mit dem feuchttriefenden Topas benetzen. Anschließend nochmals den Wein herstellen und nach 3 Tagen wiederum für 5 Tage anwenden. Über einen Zeitraum von 1–3 Monaten wiederholen.

Mit dieser Methode und den Universalumstimmungsmitteln (Wermuttrank, Fasten, Aderlass) lässt sich die Sehstärke erheblich beeinflussen. Insbesondere kann der erhöhte Augeninnendruck auch ohne Medikamente (Betablocker) gut unter Kontrolle gebracht werden.

Sehschwäche

Wiesengrün-Wasser-Behandlung:
Durch den Blick ins Grüne, in den Wald oder den Garten erholen sich die Augen. Auch im Zimmer, am Arbeitsplatz, selbst im Schlafzimmer, grüne Zimmerpflanzen, besonders grünen Zimmerfarn, aufstellen.

Therapie-Erfolg: Makuladegeneration – Frühlingsapfelbaumsaft
Die 33-jährige Patientin E.L litt an einer erblich bedingten, durch Masern verstärkten juvenilen Makulapathie mit fortscheitendem Sehverlust (Abhebung der Netzhaut). Durch jährliche Anwendung von Frühlingsapfelbaumsaft in den Monaten Mai und Juni ist das Leiden zum Stillstand gekommen.

Therapie-Erfolg: Makuladegeneration – Dinkelkost
»Durch Umstellung der Kost auf Dinkel, Obst und Gemüse hat sich die seit 20 Jahren im rechten Auge bestehende Netzhautabhebung, die eine Sehschwäche und leicht gewelltes Liniensehen nach sich zog, hundertpozentig zurückgebildet.« (F. R., 65 Jahre alt)

Therapie-Erfolg: Augenthrombose – Topaswein
Der 50jährige Patient A.A. erlitt im Sommer 1995 einen Schlaganfall im linken Auge mit Lähmungsfolge und Anstieg des Augeninnendrucks auf 28 mmHg. Pilocarpin und Betablocker wurden wegen der Nebenwirkungen nie genommen. (Pilocarpin konnte nicht genommen werden, weil sich damit die Sehkraft verschlechterte. Betablocker vertrug der Patient nicht.) Durch die Goldtopaskur über 8 Wochen normalisierte sich der Augeninnendruck auf 16 mmHg in beiden Augen; die Thrombose bildete sich zurück, ebenso die Lähmung.

Therapie-Erfolg: Tränende Augen – Zinkwein
G. G. schreibt: »Mein Mann, 55 Jahre alt, hat sogenannte Fernsehaugen, die er oft überanstrengt. Die letzten Jahre hat ihm das ständige Tränen in der frischen Luft sehr zu schaffen gemacht, und Spaziergänge im Winter waren deshalb sehr lästig. Nach der Behandlung mit dem Zinkwein haben die Augen aufgehört zu tränen.«

Therapie-Erfolg: Glaukom – Topaswein
Die Patientin E. B. berichtet: Vor nunmehr 19 Jahren hat eine Augenärztin bei mir einen erhöhten Augeninnendruck von 30 mmHg festgestellt (Normalwert: 15–20 mmHg) und mit einer Therapie durch pupillenverengende Tropfen (Pilocarpin 0,5 Prozent) begonnen. Im Laufe der Jahre musste die Konzentration des Wirkstoffs ständig gesteigert werden bis zuletzt auf 4,4 Prozent (stärkstes er-

hältliches Mittel), und es mussten noch zwei weitere Tropfensorten, auch Betablocker, hinzugenommen werden (Engwinkelglaukom) Mit der Zeit ergab sich durch die Tropfen eine dauernde Rötung der Augenbindehaut und eine Allergie mit Schrunden an den Lidern, beides sehr lästig.
Die Behandlung mit der Hildegard-Medizin umfasste Aderlässe in halbjährlichen Abständen, die Anwendung von Kuren mit Wermut-Elixier, außerdem die spezifische Anwendung des Goldtopasweines. Zeitweise wurden auch Rebtropfen, Zinkwein, Schröpfen und Poleiminze angewendet, letztere bis heute. Außerdem aß ich möglichst Hildegard-Diät. Als erstes stellte ich eine hervorragende Besserung meiner Niere und die völlige Normalisierung meines vorher überhöhten Blutdrucks fest. Nach mehreren Aderlässen konnte ich beobachten, dass nach einem Aderlass der Augeninnendruck meist um zwei bis vier Punkte niedriger war als vorher, und obwohl er bis zum nächsten Termin wieder leicht angestiegen war, ergab sich im Ganzen doch eine stetige Senkung, so dass eine 1991 vom Augenarzt vorgeschlagene Glaukomoperation nicht durchgeführt werden musste. In der weiteren Folge konnte sogar sukzessive der Betablocker ganz entfallen und bei den beiden restlichen Tropfenarten der Wirkstoff auf 45 und 33 Prozent verringert werden, wobei der Innendruck sogar meist im Bereich von 16–20 mmHg verbleibt. Der Augenarzt sagte mir vor zwei Jahren: »Bei Ihnen ist der Verlauf nicht normal.«

Beinbeschwerden

»Auch das Beingeschwür ist eine Art von Harnsäuregicht. Ein Geschwür entsteht nämlich aus schädlichen und reichlichen Säften, weil, wenn diese beim Menschen eine bestimmte Menge überschritten haben, sie sich zu irgendeiner Körperstelle hinbegeben oder zu den Beinen oder zu den Füßen hinabsteigen, dort mit der Schärfe ihres Übermaßes die Haut durchbohren und langsam ausfließen. Und weil sie beim Menschen ständig zunehmen, lassen sie durch das anhaltende Ausfließen nicht zu, dass die Haut zur Heilung kommt.«

Bei offenen Beingeschwüren hat sich folgender Therapieplan bewährt:

- Hildegard-Fasten
- Hildegardischer Aderlass
- Hildegard Schröpftherapie (blutiges Schröpfen links und rechts der Lendenwirbelsäule und an den Pofalten sowie unblutiges Schröpfen entlang der Beine)
- Hildegard-Diät mit Dinkel, Obst und Gemüse
- Die folgenden Heilmittel

Große Entgiftungskur bei infizierten Beingeschwüren

Beifußhonig: 40 ml Beifußsaft, 100 ml abgeschäumter Honig

Der Beifußsaft wird mit dem Honig vermischt und ein- bis dreimal täglich auf das Beingeschwür aufgetragen. Eischnee schlagen und das Beingeschwür damit abdecken, gegebenenfalls eine Mullkompresse darauflegen und 1–2 Stunden die Beine hochlagern. Mit dieser Beifußhonigkompresse kann man infizierte Beingeschwüre reinigen. Erst wenn die Geschwüre nicht mehr eitern, kann man sie mit weiteren Maßnahmen schließen.

Geschwüre flach gereinigt, Hautentzündungen, Ekzeme, Hautauschläge, Gürtelrose

Bohnenmehl-Fenchel-Mehl-Mischung: 500 g Bohnenmehl, 100 g Fenchelpulver, 100 g Dinkelmehl

1 EL von dieser Mischung mit 1 EL Wasser zu Teig verkneten und flach auf der Herdplatte oder in der Pfanne trocknen, wobei der Teig noch geschmeidig bleiben sollte, dann warm 1–2 Stunden auf die Beingeschwüre aufbinden und eintrocknen lassen. Das Bein dabei 1–2 Stunden hochlagern. Mit dieser Maßnahme schließen sich die Beingeschwüre meistens.

Beingeschwüre flach gereinigt

Smaragd im Zinkleinverband:
Die gereinigten Beingeschwüre schließen sich mit großer Sicherheit, indem man zunächst das Geschwür mit einer Lage Zinkleinverband umwickelt, dann einen flachen Smaragd über das Beingeschwür legt und nochmals mehrere Lagen Zinkleinverband darüberlegt. Der Zinkleinverband bleibt

so lange auf dem Beingeschwür, wie man es ertragen kann: 1, 2 oder sogar 3 Tage. Diese Maßnahme mehrmals wiederholen, wodurch sich mit großer Sicherheit auch die schlimmsten offenen Beine wieder schließen.

Venenentzündung, Krampfaderleiden, Thrombose, Emboliegefahr, Beingeschwüre

Brennesselsaft-Hanf-Kompresse:
Frischen ausgepressten Brennesselsaft nehmen, betroffene Hautpartie damit befeuchten. Seilerhanf ebenfalls befeuchten und über die Beine binden. Mit einer Mullbinde fixieren. 1–2 Stunden die Beine hochlagern.

Mit dieser Brennesselsaft-Hanf-Kompresse kann man die schlimmste Venenentzündung in 1–2 Wochen zum Verschwinden bringen. Die Schmerzen lassen bereits nach 1–2 Tagen Anwendung nach. Besonders häufig treten heute Venenentzündungen infolge der Einnahme von Hormonpillen auf. Hier ist durch die Brennesselsaft-Hanf-Kompresse mit einer raschen Schmerzbeseitigung zu rechnen.

Beinleiden, Beinschmerzen, Fußschmerzen, Ischias, Rheuma, Sohlenschmerzen, Fersenschmerzen, Gicht, Ödeme in den Beinen

Bertrammischpulver: 30 g Bertrampulver, 10 g Ingwerpulver, 5 g Pfefferpulver

Dreimal täglich 1 Msp. mit 1 Likörglas Petersilienhonigtrank vor dem Essen einnehmen.

Für den Petersilienhonigtrank 8 Petersilienstengel und 2 EL Weinessig mit 1 l Kabinettwein 5 Minuten kochen, 150 g Honig zugeben und bei geringer Hitze nochmals 5 Minuten kochen. Dann abschäumen und abseihen.

Therapie-Erfolg: Venenentzündung – Brennesselsaft-Hanf-Kompresse

»Zwei Tage nach einer Arzneimittelvergiftung bekam ich große Schmerzen im linken Bein aufgrund einer Venenentzündung, die vom Knöchel bis in den Oberschenkel reichte. Nach zwei Wochen (mit täglichen Brennessel-Hanf-Umschlägen) verschwanden die Entzündung und die Schmerzen. Anschließendes Einreihen der Beine mit Mariendisteltinktur sorgte als Nachbehandlung für vollständige Abheilung.«

Therapie-Erfolg: Ödeme in den Beinen – Bertrammischpulver

Die 60-jährige Patientin H. E. konnte keine zwei Minuten mehr auf den Beinen stehen, die Beine waren zum Platzen voll mit Wasser. Nachdem sie zwei Tage lang dreimal täglich Bertrammischpulver in Petersilienhonigtrank eingenommen hatte, entwässerten die Beine und die Schmerzen verschwanden.

Therapie-Erfolg: Offene Beine – Beifußhonig, Bohnenmehl-Fenchel-Mehl-Mischung

Die 54-jährige Patientin B. B. leidet seit einer Hüftoperation vor acht Jahren an Polyarthritis, die nur mit schweren Schmerzmitteln behandelt wird. Diese führten zu einem Krampfaderschaden mit offenen eitrig-blutenden Beinen. Die Wundinfektion wird mit Beifußhonig gereinigt, danach wird mit Bohnenmehl-Fenchel-Mehl-Mischung die Wunde verschlossen, wodurch die offenen Stellen wunderbar abheilen. Nach Aderlass wird Goldkur und Dinkel eingesetzt, die die Schmerzmittel überflüssig machen. »Die Natur hat das gemacht, was die Operation hätte bringen sollen«, so der Kommentar der Patientin. Man beachte, dass man bei offenen Beinen unbedingt Diät halten muss, sonst gehen die Wunden wieder auf.

Darminfektionen

Pilzinfektionen sind Folgen einer gestörten Darmflora und einer geschwächten Abwehrkraft, wobei auch eine seelische Abwehrschwäche das Verdauungssystem aus dem biologischen Gleichgewicht gebracht haben kann. Daher spielen vor allem auch seelische Heilkräfte (die 35 Tugenden) bei der Regeneration der Darmflora und bei der Aktivierung der körperlichen Abwehrkraft eine entscheidende Rolle.

Die Beschwerden bei der Darminfektion durch Hefepilze (Candida albicans) oder Schimmelpilze (Aspergillus fumigatus oder Aspergillus niger) sind außerordentlich vielseitig: Blähungen, Sodbrennen, Aufstoßen, Verstopfung oder Durchfall, Juckreiz am After oder in der Vagina, dauernde Müdigkeit und Erschöpfung, Schlaflosigkeit, Konzentrationsstörungen, Haarausfall, Mundgeruch, Körpergeruch, Stimmungsschwankungen und Depressionen.

Bei zahlreichen chronischen Krankheiten, besonders chronischen Entzündungen, liegen Darmpilzinfektionen vor:

- Bei Magen-Darm-Erkrankungen (Gastritis, Roemheld-Syndrom, chronischem Durchfall oder Verstopfung, Morbus Crohn, Colitis ulcerosa)
- Bei chronisch rezidivierenden Entzündungen der Mund-, Nasen-, Rachenschleimhaut und der Atemwege
- Bei chronischen Infektionen des Urogenitalsystems (chronisch rezidivierenden Harnwegsinfektionen, Prostatitis, Vaginalinfektionen)

- Bei Hauterkrankungen (Neurodermitis, Ekzemen, Akne, Furunkulose)
  Da sich sowohl die Haut als auch die Schleimhaut, Sehnen, Bänder und Bandscheiben aus dem äußeren Keimblatt (Ektoderm) entwickelt haben, müssen die Ursachen von Haut- und Gelenkerkrankungen auch im Darm (Entoderm) gesucht und mitbehandelt werden. Frau Dr. Ingrid Menzel, Hautärztin an der Universitätsklinik Frankfurt, konnte bei Neurodermitis, Psoriasis, Akne, Furunkulose sowie bei rheumatoider Arthritis und Windeldermatitis in den meisten Fällen immer auch eine Darmpilzinfektion feststellen. Die Zellbestandteile und die toxischen Stoffwechselprodukte (Mykotoxine) der Pilze können solche Erkrankungen auslösen. Dadurch konnten bei den meisten Patienten sowohl im Stuhl Hefepilze als auch im Blut candidaspezifische IGE-Antikörper nachgewiesen werden.
- Bei Erkrankungen des Immunsystems Hefe- und Schimmelpilze produzieren gewebsschädigende Enzyme (Proteinasen, Lecithinasen), die die Darmwand durchlässig machen, so dass massenhaft Allergene ins Blut und Lymphsystem gelangen. Dadurch wird das Immunsystem überlastet, so dass es zu allergischen Reaktionen, Autoimmunreaktionen und Autoaggressionen kommt. Durch die geschädigte Darmwand dringen auch große Mengen an Nahrungsmittelteilen (nutritive Allergene), die Nahrungsmittelallergien auslösen können.
  Zu den allergischen Erkrankungen zählen Neurodermitis, Heuschnupfen, Asthma und Nahrungsmittelallergien. Toxische Pilzgifte (Mykotoxine) sind aber auch krebserregend und erzeugen Krebszellen, die das Abwehrsystem schwächen und die Bildung von Abwehrstoffen blockieren. Zu diesen Krankheiten gehören Krebs, Multiple Sklerose und AIDS
- Bei Erkrankungen der Leber, der Galle und der Milz Un-

ter dem Einfluss der Pilzinfektion vermehren sich auch andere Fäulniserreger, die ihre toxischen Fäulnisprodukte an Blut und Lymphe abgeben. Besonders unter dem Einfluss einer eiweißreichen Ernährung entwickeln sich sehr viele Fäulnisstoffe, zu denen Amoniak, Schwefelwasserstoff, Phenol, Indol, Skatol und Kresol gehören. Alle diese Stoffe können zu toxischen Schäden führen, wie Leberentzündungen, Leberzirrhose, Milz- und Blasenentzündungen.

Hefepilze produzieren auch Fuselalkohole, die die Leber angreifen, so dass die Leberwerte steigen, ohne dass man einen Tropfen Alkohol getrunken hätte.

– Bei Organmykosen

Durch die geschädigte Darmwand können aber auch die Pilze selbst über das Blut in die Organe gelangen und dort zu tödlich verlaufenden Organmykosen führen. Man schätzt, dass in Deutschland bis zu 10 000 Menschen jährlich an Organmykosen sterben. Besonders bei Schwerkranken gelangen Hefepilze aus ihren Pilznestern durch die Darmwand nicht nur in die Lymphbahnen, von wo sie die Milz und das Knochenmark erreichen können, sondern auch durch die Blutbahn in die inneren Organe: Leber, Pankreas, Lunge, Nieren.

Die Ursachen von Pilzinfektionen

In einem gesunden Menschen haben Hefepilze keine Chance, da sie vom Immunsystem vernichtet werden. Jede Pilzinfektion gibt daher Hinweise auf eine geschwächte Abwehr und eine zerstörte Darmflora. Die hemmungslose Verwendung von Arzneimitteln, Hormonen und chemischen Giften sowie Diätfehler haben zu einem drastischen Anstieg an Pilzinfektionen geführt, weil dadurch entweder die natürliche Darmflora zerstört oder das natürliche Immunsystem geschwächt wurde. Fachleute schätzen, dass etwa 75 Prozent der Bevölkerung unter Pilzinfektionen leiden.

Stoffe, die die Darmflora schädigen oder das Abwehrsystem zerstören sind Antibiotika, Mykotika, Cortison, Chemotherapie, Antibabypille, Konservierungsmittel wie Parabene (p-Hydroxybenzoesäure), Acetylsalicylsäure (ASS), Sorbinsäure, Benzoesäure, Quecksilber aus Amalgamzahnfüllungen, Palladium aus Goldfüllungen sowie Platin aus Autokatalysatorabgasen.

Ernährungsfehler

Frischkornbrei und Rohkost können von den Enzymen des menschlichen Darms nicht aufgeschlossen und verwertet werden, da die Verdauungssäfte keine zellulosespaltenden Enzyme enthalten. Die unverdauten Pflanzenzellen sind daher auch keine Vitamin- und Mineralstoffquellen, sondern blockieren ganz im Gegenteil die Verdauung. Besonders das in der Kleie enthaltene Phytin, das erst durch den Back- oder Kochvorgang gespalten wird, blockiert in unverdauter Form die Aufnahme von Mineralien, Spurenelementen und Vitaminen. Auch Eiweiße werden durch Phytin unverdaulich gemacht. Gelangen unverdaute Pflanzenreste in den Dickdarm, fördern sie das Wachstum von Fäulniserregern, die große Gasmengen produzieren. Eiweißfäulnis entsteht auch bei übertriebener Ernährung mit tierischem Eiweiß.

Dinkel sorgt für das richtige Milieu der Darmflora

Im Vergleich zu allen anderen Getreidearten hat Dinkel die wenigsten Ballaststoffe, die aber sind gut abbaubar. Daher schreibt Hildegard auch: »Dinkel ist das mildeste (bekömmlichste) Getreide,« d.h., es entstehen am wenigsten Blähungen und Darmgase. Im Gegenteil, die durch den Koch- oder Backvorgang aufgeschlossenen Ballaststoffe werden von der Darmflora zu Essigsäure, Propionsäure und Buttersäure abgebaut, die das richtige schwachsaure Milieu bilden, in dem die Milchsäurebakterien im Dünndarm wachsen können. Hefe- und Schimmelpilze wachsen im schwachbasischen Milieu. Sie lösen sich unter dieser Bedingung von der Darmwand und werden ausgeschieden. Die langfristige Dinkelkost ist daher der beste Schutz gegen Hefepilze.

Die ganzheitliche Behandlung

Das ganzheitliche Therapiekonzept zur Behandlung von Hefepilzinfektionen im Darm umfasst sechs entscheidende Schritte der Hildegard-Medizin:

1. Entgiftung und Entschlackung des Organismus durch den Hildegardischen Aderlass
2. Darmflorafreundliche Ernährung
3. Darmreinigung durch sogenannte karminative Heilpflanzen und Heilmittel, die die schlechten Säfte, Fäulnisstoffe und Darmgase entfernen.
4. Mikrobiologische Therapie: Mit den lebendigen, nützlichen Keimen das körpereigene Abwehrsystem stimulieren, die Stoffwechselleistung verbessern und die Darmflora wieder aufbauen (Darmsanierung).
5. Heilung durch Wandlung: Fasten und Aufbautherapie zur Reinigung der Seele und zur Stärkung der seelischen und körperlichen Abwehrkraft.
6. Maßnahmen zur Darmreinigung und Immunstimulation
   - *Wasserlinsen-Elixier* zur Säftereinigung und Immunstimulation. Auf $^1/_2$ l 10 Tr. Rainfarnurtinktur (Fa. Jura) hinzufügen (je 1 Likörglas vor dem Frühstück und vor dem Schlafengehen).

- *Hirschzungen-Elixier* »nützt der Leber, reinigt die Lunge, heilt die schmerzenden Eingeweide, nimmt innere Fäulnis und den Schleim« (Dreimal täglich 1 Likörglas vor und nach dem Essen).
- *Sanikel-Elixier* »nimmt den üblen Magenschleim (Gastritis, Magengeschwür), heilt die kranken Eingeweide« (Dreimal täglich 1 Likörglas nach dem Essen).
- *Muskatellersalbei-Elixier* bei Gastritis »heilt den Magen (Gastritis, Magen-Darm-Geschwüre), reinigt Magen und Darm, gibt guten Appetit« (1 Likörglas nach den Hauptmahlzeiten).
- *Ringelblumenkompresse, Ringelblumenwein* »zur Entgiftung und nach Küchengiften, wirft das Gift oben und unten wieder raus«, 1 EL Ringelblumentee in $^1/_4$ l Wasser 3 Minuten aufkochen, warme Kräuter absieben und warm auf den Bauchnabel binden; 1 EL Ringelblumentee mit $^1/_4$ l Wein 2 Minuten aufkochen, absieben, den Wein warm schluckweise trinken.
- *Wermutwein* (jeden zweiten Tag 1 Likörglas vor dem Frühstück) »unterdrückt die Nervenschwäche (Melancholie), macht die Augen klar, stärkt das Herz, verhindert Lungenerkrankungen, wärmt den Magen, reinigt die Eingeweide und bereitet gute Verdauung«.
- *Odermennigblätter in Wein* »Wer Flüssigkeit und viel Schleim in kranken Eingeweiden auswirft« (vor und nach dem Essen 1 Likörglas Odermennigwein). »Reinigt den Schleim und Auswurf, wärmt den Magen« (bei Gastritis).
- *Aronstab-Elixier* bei Depressionen »Nimmt den üblen Magenschleim und das Magenfieber, nimmt den Melanchestoff (die Schwarzgalle).« Besonders bei Pilzinfektionen geeignet, die den Hormonhaushalt stören, wenn die »Traurigkeit« aus dem kranken Darm kommt.
- *Bärwurzbirnhonig:* 100 g Bärwurzmischpulver, bestehend aus 35 g Bärzwurz, 28 g Galgantwurzel, 22 g

Süßholzwurzel, 15 g Pfefferkraut, mit 8 gekochten Birnen (Birnwasser wegschütten) und 8 EL abgeschäumtem Honig zu einem Mus vermischen, in Gläser abfüllen und kühl stellen.
Man verwendet den Bärwurzbirnhonig entweder als Brotaufstrich oder 4 Wochen lang täglich pur, je nach Lebensalter und Körpergewicht. Morgens: 1 Msp. bis 1 TL vor dem Frühstück, mittags: 2 Msp. bis 2 TL nach dem Essen, abends: 3 Msp. oder 3 TL vor dem Schlafengehen.
»Dieses Mus ist kostbarer als Gold, reinigt den Körper innerlich wie ein gutes Geschirr von seinem Schimmel.«

- *Ingwer-Gewürzmischung* besonders geeignet bei Durchfallneigung und zur Darmreinigung bei Fastenkuren. Einen TL vor dem Aufstehen morgens nüchtern im Mund zergehen lassen. »Halten die guten Säfte im Menschen zurück, fördern die schlechten Säfte heraus.«
- *Mutterkümmel-Pfeffer-Eigelb-Granulat* (1 EL auf Dinkelbrot ein- bis dreimal täglich bei Durchfall). »Zwingt das Gelöste zusammen.«

Eine darmfreundliche Ernährungstherapie bei Pilzerkrankungen

Als erfolgreiche Langzeitdiät bei Pilzerkrankungen hat sich die Hildegard-Kost mit Dinkel, Obst, Gemüse, wenig Fett und fettem Käse sowie wenig Fleisch bewährt.

Erlaubt und empfohlen sind Dinkelvollkornbrot, Dinkelvollkornmehlprodukte, Dinkelvollkorngrieß und seine Produkte Habermus, Kernotto, Nudeln und Spätzle sowie Mikrovollkornmehl.

An Obst: Äpfel, Quitten, Zitronen, Apfelsinen, Birnen (ohne Birnenkochwasser).

Gemüse: Fenchel, Edelkastanien, Bohnen, Sellerie, Rote Beete, Mohren, Kichererbsen, Kürbis, Knoblauch, Zwiebeln, Rettich und Meerrettich

Salat: Dinkelkopfsalat, Eisbergsalat, Lollo rosso, Feldsalat

Fleisch: Geflügel und Pute, Lamm, Ziege, Reh und Hirsch.

Fisch: Kretzer, Kabeljau und Dorsch

Eier: Gesundheitsei: Ei aufschlagen und aus der Schale in kochendes Salzwasser fallen lassen (2 Minuten kochen).

Sauermilchprodukte: Biojoghurt, Kefir, Buttermilch, Käse, Quark

Salz: Nie salzlos essen, denn »Salz ist sehr warm und zu vielem nützlich. Wer Speisen ohne Salz ißt, wird innerlich schwach.«

Weinessig: Taugt als Zusatz zu allen Speisen, wenn er nicht vorschmeckt. »Auf solche Weise reinigt er das Stinkende (Blähungen und Gase) im Menschen und reduziert in ihm die schlechten Säfte und sorgt dafür, dass sein Essen den rechten Verdauungsweg geht.«

Fett und Öl: Butter, kaltgepresstes Sonnenblumenöl, Walnußöl, Mandelöl

Getränke: Unbedenkliches Leitungswasser ist Mineralwasser vorzuziehen, da Mineralwasser »verschleimt«. Am besten Tee (Fencheltee, Gold- und Zitronenmelisse, Taubnessel), Dinkelkaffee, Apfelsaft mit Fencheltee 1:1 gemischt, Dinkelbier, gelöschter Wein – alles zum Essen trinken.

Kräuter, die den Darm reinigen (Karminativa):

- *Bertram* (1–3 Msp. in jedes Essen)

  »Vermindert die Fäulnis…, vermehrt das gute Blut, reinigt den Intellekt, bringt einem Kranken wieder Kräfte, läßt im Menschen nichts unverdaut, bereitet gute Verdauung, leitet schlechte Säfte aus, gibt Gesundheit zurück.« Bertram ist das Universalgewürz bei Pilzinfektionen
- *Bachminze* (1–3 Msp. in Soßen, Suppen, Gemüse und Fleischgerichte)

»Wer vom vielen Essen und Trinken einen verfetteten Magen und Darm hat, esse oft Bachminze roh oder gebe sie ins Essen, weil es die Dämpfigkeit mindert.«

- *Griechenklee* (Bockshornklee, 1–3 Msp. ins Essen oder 1 TL in 1 Tasse Wein 1 Minute kurz aufwallen lassen, ein- bis dreimal täglich nach dem Essen zu sich nehmen)
  Dieser Wein hilft gegen Verschleimung, Appetitlosigkeit, Schwäche, Abmagerung und Pilzinfektion.
- *Krauseminze* (1–3 Msp. in Suppen oder Soßen)
  »Erwärmt den Magen, verschafft gute Verdauung.«
- *Poleiminze* (1–3 Msp. in jedes Essen)
  Universalgewürz bei Darminfektion. »Wenn Magen und Darm voll Gift ist, d.h. Eiter, reinigt sie diesen und heilt ihn, hat die Kraft von 15 anderen Heilkräutern.«
- *Fenchel (3–5* Tabletten vor dem Essen)
  Hundertprozentig gesund als Fencheltee, Fenchelgemüse, Fencheltabletten bei Gastritis. »Wie auch immer gegessen, macht er den Menschen fröhlich, gibt eine gute Durchblutung, guten Körpergeruch und verursacht eine gute Verdauung.«
- *Quendel* (1–3 Msp. Quendelpulver in jedes pikante Essen)
  Besonders zur Durchblutung der Haut. »Das Körperfleisch wird innerlich gereinigt und geheilt.«
- *Melde* (1 EL klein gehackt oder als Spinat gekocht in Gemüse)
  »Bewirkt eine gute Verdauung gegen Skrofulöse (Akne, Furunkulose).«
- *Beifuß* (1 EL kleingehackt oder als Spinat gekocht)
  »Heilt die kranken Eingeweide, wärmt den kranken Magen, nimmt die Fäulnis von Diätfehlern heraus.«
- *Rainfarn* (1–3 Msp. Rainfarnpulver oder frische Rainfarnkräuter, immer mitkochen!)
  »Gekocht in Dinkelgrießsuppe macht er den Magen leicht, bereitet gute Verdauung bei Magendrücken nach Diätfehlern.«

– *Salbei* (1–3 Msp. mitkochen)
  Als Salbeitee oder Salbeikräuter. »Reinigt alle üblen Säfte. Roh oder gekocht ins Essen.«
– *Ysop* (1–3 Msp. gekocht in alle Speisen)
  »Räumt mit dem stinkenden Schaum der Säfte auf.«
– *Brennessel* (1 EL kleingehackt oder als Spinat)
  »Reinigt den Magen, nimmt den üblen Schleim.«
– *Knoblauch* (1–2 Zehen roh pro Tag als Antipilzmittel)
– *Rettich*
  »Reinigt das Gehirn und vermindert die schädlichen Säfte der Eingeweide. Reinigt innerlich die dicken Menschen.«
– *Bachbunge* (1 EL kleingehackt oder als Spinat mit Butter als Abführtrank bei Bauchschmerzen und Bauchkrämpfen und blutenden Hämorrhoiden hervorragend geeignet)

Vermeiden Sie bei Pilzinfektionen:
– *Zucker und Süßwaren:* Hefepilze wachsen nicht ohne Zucker! Daher Zucker, Trauben-, Frucht- und Rübenzucker stark einschränken! Keine Schokolade, süßes Gebäck, Torten, Bonbons, Cola, Limonade und süße Weine.
– *Weizenweißmehlprodukte:* Weißbrot, Semmeln, Teigwaren, Kuchen, Torten aus Weizenweißmehl verschleimen den Darm.
– *Küchengifte:* Keine Erdbeeren, Pfirsiche, Pflaumen oder Zwetschgen. Keinen Lauch oder Porree.
– *Rohkostverbot:* Keinerlei Frischkornbrei, Müsli, gekeimte Sprossen, Grünkern oder Keimlinge.

Therapie-Erfolg: Durch Absetzen der Rohkost gesund!
M. G., 54 Jahre alt, mit vorgeschädigtem Darm durch Ruhr und Abführmittel missbraucht, chronische Verstopfung, chronische Entzündungen: Sinusitis, Otitis, Tonsilitis. 14 Jahre Rohkost mit anschließender Pilzinfektion im Darm. Zweimal stationäre Einweisung in eine renommierte Rohkostklinik. Danach multiple Allergien, Ekzeme, Ängste,

Depressionen. Weder durch Trennkost noch durch Frischkornbrei oder vegetarische Kost Besserung. Abmagerung von 40 auf 35 kg Körpergewicht, Anämie, Magen-Darm-Krämpfe, Durchblutungsstörungen, Gedächtnisstörungen, Weizenglutenallergie (Sprue, Milz- und Herzschmerzen).

Nach der Hildegard-Kost mit Dinkel, Obst und Gemüse wesentliche Besserung der genannten Beschwerden, Gewichtszunahme um vier Pfund in vier Wochen. Mit Flohsamenwein, dreimal täglich 1 Likörglas vor dem Essen, verschwinden Juckreiz und Magen-Darm-Krämpfe. Dinkel bekommt ihm gut.

Bärwurzbirnhonig: Kostbarer als Gold

Bärwurz oder Bärenfenchel (lateinisch: Meum athamanticum) aus der Familie der Doldenblütler wächst auf steinig-lockeren Bergwiesen, vor allem über kristallinem Gestein.

Bei Hildegard steht über den Bärwurz:

»Der Bärwurz ist warm und von trockener Grünkraft (Viriditas). Ein Mensch, der starke und brennende Fieber hat (Scharlach, Masern, Röteln, Tuberkulose, Ruhr und Typhus), soll Bärwurz pulvern und dieses Pulver mit Brot essen, und zwar auf leeren Magen und nach dem Essen, und es wird ihm besser gehen. Wer Gicht hat, esse dieses Pulver oft (dreimal täglich 1–3 Msp.), und die Gicht wird in ihm weichen. Wer Gelbsucht hat, zerkleinere die noch frische Wurzel in Essig und würze damit eine (Dinkelgrieß-) Suppe und esse sie oft (täglich ein- bis dreimal), und er wird geheilt.«

In der Kombination mit Birnen und Honig wirkt Bärwurz noch universeller als die bewährte Hildegardische Goldkur!

»Das ist das köstlichste Latwerge und wertvoller als Gold

und nützlicher als das reinste Gold, weil es die Migräne vertreibt und die Dämpfigkeit mindert, welche rohe Birnen in der Brust des Menschen verursachen, und alle schlechten Säfte (mali humori) im Menschen vertreibt und den Menschen so reinigt, wie man einen Topf von seinem Schimmel (de faece) reinigt.«

Rezept: Bärwurzgewürzmischung
35 g Bärwurzpulver
28 g Galgantpulver
22 g Süßholzwurzelpulver
15 g Bohnenkrautpulver

Therapie-Erfolg: Erschöpfung – Aderlass, Wasserlinsen-Elixier, Bärwurzbirnhonig

Die 50-jährige Patientin B. O. schreibt nach einer Totaloperation: »Ich bin das reinste Wrack und kann mich nur noch mit stärkstem Bohnenkaffee aufrecht halten. Erliege sonst furchtbaren Müdigkeitsanfällen, die mich fast lahmen. Ich habe jegliche Hoffnung auf Besserung verloren. Kann nicht mehr einschlafen wegen brennender Schmerzen im Bauch. Der Nabel ist wie wund, und ich spüre schmerzhaftes Brennen beim Stuhlgang. Habe ständig Durchfall. Mein Arzt sagte mir, es sei nicht ausgeschlossen, dass ich Diabetes bekomme, und das wäre für meine Krampfadergefäßverengung katastrophal. Man müsste Glieder amputieren. Habe oft dunkelblaue Finger und Zehennägel. Der ganze Beckenbereich ist voller Schmerzen wegen abgenutzter Hüften und Bandscheibenschäden.«

Wegen einer Penizillinbehandlung bekam die Patientin rheumatisches Fieber und Darmpilz. Nach der Darmsanierung mit Bärwurzbirnhonig, Wasserlinsen-Elixier und Aderlass verbessert sich der Zustand schlagartig. Mit Selleriesamenmischpulver verschwinden die Gelenkschmerzen. Die Wadenkrämpfe verschwinden mit Mariendistelsaft.

Therapie-Erfolg: Amalgam, Schwermetallvergiftung – Bärwurzbirnhonig

Die 57-jährige Patientin B. A. leidet nach einer Amalgamsanierung an den Folgen einer Amalgambelastung (Schwermetallvergiftung). Die Darmflora ist sowohl im Dickdarm als auch im Dünndarm zerstört, und eine Hefepilzinfektion hat sich breit gemacht. Neben der Durchfallneigung kommt es dauernd zu Erkältungen. Die Blutsenkung ist ständig erhöht, Kopfschmerzen, Schweißausbrüche und Migräne treten auf. Nach der Darmsanierung mit Bärwurzbirnhonig ist die Darmflora normal, und die Bronchitis verschwindet mit Andornmischkräutern (Grippe-Elixier).

Durchfallerkrankungen

»Haben also bei einem Menschen die schlechten Säfte die Überhand gewonnen und die in ihm vorhandenen übrigen Fieber in Bewegung versetzt, dann erzeugen sie bei ihm sozusagen eine ungehörige Überflutung, die einen dicken, üblen Rauch und Qualm zu seinem Gehirn aufsteigen lässt und jene kleinsten Gefäße, die das Gehirn umgeben, sämtlich zu einer verkehrten Art der Strömung veranlasst. Dann fließt das Blut in ihnen übermäßig aus und bringt alle die großen Gefäße, denen sie, wie gesagt, angeheftet sind, in Bewegung, so dass auch diese in verkehrter Strömung sich ergießen, ihr Blut durch den ganzen Körper hin ausströmen und zu den Eingeweiden und zum Stuhl hinsenden. So macht dies Blut, in den Eingeweiden und Gedärmen mit dem Stuhl durchsetzt, den Stuhl blutig, so dass manchmal sogar Blut mit dem Stuhlgang austritt.«

Durchfall, Dysenterie, Blutstuhl, Ruhr, Colitis, Morbus Crohn

Mutterkümmel-Pfeffer-Eigelb-Granulat
8,5 g Mutterkümmelpulver, 1,5 g weißes Pfefferpulver

Herstellung der Eiflocken mit Mutterkümmel:
Zur Herstellung der Eiflocken mit Mutterkümmel benötigt man 6 Eier, die aufgeschlagen werden; Das Eiweiß wird ab-

getrennt, die Eidotter werden schaumig geschlagen und dabei 3 TL Mutterkümmel-Gewürzmischung eingerührt.

Backofen auf 100° vorheizen, Eidottermasse dünn auf ein Backblech streichen, 30–40 Minuten vollkommen trocknen lassen. Mit einem Spatel vom Blech lösen, in kleine Stücke teilen und gut auskühlen lassen. Die fertigen Eiflocken sind gut verschlossen mindestens 1/2 Jahr haltbar.

Krankenkost bei Durchfall:
Die im folgenden beschriebene Kost dient zur Verhütung und Behandlung von Durchfall und bei Reizkolon (Darmreizung), Colitis ulcerosa (entzündlicher Erkrankung des Dickdarms) sowie Zöliakie.

- Ein bis zwei Fastentage bei Fenchel- und Schwarztee
- Dünne Dinkelmehlsuppe, etwas gesalzen (die mehligen Anteile stopfen)
- Die Eiflocken: Zuerst ein Stück Weißbrot (Dinkelbrot) essen, danach 1 EL mürbe gebackene Eiflocken ohne Salz. In schweren Fällen auch zwei- bis dreimal pro Tag. Bei gewöhnlichem Durchfall genügt es ein einziges Mal, bei Sommerdiarrhöe sollte es 3–4 Tage lang eingenommen werden. Am längsten braucht man die Eiflocken bei der oft jahrelang bestehenden Colitis ulcerosa, bei der es täglich, je nach seelischer Belastung, zu sechs und mehr »Stuhlgängen« kommen kann. Dann muss man dem Kranken wochen- und monatelang geduldig ein- bis zweimal täglich Eiflocken reichen, natürlich immer auch eine Dinkelmehlsuppe. Besonders bewährt haben sich die Eiflocken bei der Diarrhöe in tropischen Ländern, es sollte daher in keiner Reiseapotheke fehlen.

Absolut verboten sind während der ganzen Behandlungsdauer:

- Milch und sämtliche Milchprodukte wie Käse, Quark und Sahne (Butter ist in beschränkter Menge erlaubt)

- Schwarzbrot, Gersten- und Mehrfruchtbrot, Grobschrotbrote, frisches Hefegebäck
- Wasser, Mineralwasser
- kalte Speisen
- geröstete, gebratene und pikante Speisen (Senf, Paprika)
- Rohkost, Salate, rohes Obst
- grobes Gemüse, namentlich Lauch (Porree) und Gurken
- Kartoffelbrei
- Rindfleisch, Konserven, Wurstwaren
- Zucker, Zuckerwaren, und Marmeladen (Konfitüren)

Ab dem dritten Tag der Erkrankung oder bei Neigung zu dünnem Stuhlgang sind erlaubt:
- Weißbrot, altes Hefegebäck, Zwieback
- Dinkelgrieß, Dinkelmehl und das daraus Zubereitete (z. B. Spätzle, Klöße, Nudeln)
- Weißwein oder Rotwein (gewärmt)
- Huhn und Hühnerbrühe
- später gekochtes Apfelkompott (nicht Apfelmus)
- nicht ganz frischer Apfelkuchen (schwach süß)
- gedünstetes Kalbfleisch und Leber
- gekochte Himbeeren, Kirschen und Brombeeren

Therapie-Erfolg: Colitis ulcerosa – Dinkelkost
Jeder Fachmann weiß, dass dieses Leiden nach dem Stand der klinischen Behandlung bis heute nicht geheilt werden kann. Die übliche Behandlung mit Cortison und Azulfidin (Salazosulfapyridin) bringt manchmal eine gewisse Besserung, aber nie Heilung, und ist mit erheblichen, riskanten Nebenwirkungen belastet. Ähnliches gilt für die operative Behandlung.
Eine Diätbehandlung galt bisher in den meisten Fällen als unerheblich. Daher kommt es immer wieder einmal vor, dass Patienten von der diätetisch-therapeutischen Hildegard-Methode und ihren Erfolgen überrascht sind.

Therapieplan:

- Ersatz aller Weizenprodukte durch Dinkelprodukte
- Einsatz der Dinkelmehlsuppe (täglich, regelmäßig)
- Verabreichung von Durchfallei
- Vermeidung jeglicher Stuhlgangprovokation (Milchprodukte, Rohkost u. ä.)
- Absetzen der Sulfonamide und Kortikoide (was oft nicht ohne ärztliche Kontrolle geht)

Bei strikter Einhaltung dieser Vorschriften sind die Erfolge gut bis zur vollständigen Heilung. Im übrigen ist diese Behandlung nicht auf Colitis ulcerosa beschränkt, sondern auch bei anderen mit Durchfall verbundenen Krankheiten geeignet. Integrierender Bestandteil ist immer die Dinkeldiät, die durch nichts anderes ersetzt werden kann.

Therapie-Erfolg: Colitis ulcerosa – Dinkelkost
Der Patient R. V., 74 Jahre alt, war nach einer Operation im Krankenhaus an einer Infektion erkrankt, gegen die er dort massiv mit Antibiotika behandelt wurde, so dass die Darmflora zerstört und nach neunmonatiger Behandlung eine Colitis ulcerosa als Endresultat diagnostiziert wurde. Revitalisierungsversuche blieben fast wirkungslos. In den letzten 14 Tagen vor der Dinkelbehandlung war noch ein stark juckendes Ekzem hinzugekommen, so dass der Patient nach einer radikalen Therapieänderung suchte.
Initialtherapie:
Täglich abends Dinkelmehlsuppe und Durchfallei und gegen das Jucken Speisemohn.
Bereits nach vier Tagen teilte der Patient telefonisch mit, dass die Blähungen verschwunden und die Zahl der Stuhlgänge geringer geworden waren. Nach acht Tagen, bei anhaltender Besserung, erste Gemüsezulagen. Im weiteren Verlauf kam es zu leichtem Rückfall nach dem unerlaubten Verzehr von Haselnusstorte. Nach einem Monat – bei

fortwährender Dinkeldiät, aber allmählich sich lockernden sonstigen Diätvorschriften (Milchprodukte wurden zugelassen) – nur noch ein Stuhlgang täglich mit zunehmender Konsistenz. Nach sechs Wochen konnte das ebenfalls zur Kur gehörige Durchfallei von täglich zweimal auf jeden zweiten Tag reduziert werden. Es kam zu keinem Rückfall mehr, und der Patient vertrug auch bereits wieder gekochte Äpfel. Der Patient fühlte sich wohl und praktisch gesund, so dass er nach zwei Monaten Dinkelkur in Urlaub fahren konnte, wobei er allerdings die Möglichkeit hatte, die Dinkelkur auch dort fortzuführen. Der prompt einsetzende Heileffekt – einmal etwas rascher, einmal etwas später (manchmal erst nach einigen Monaten) – ist neben dem sogenannten Durchfallei ausschließlich auf die Dinkeldiät zurückzuführen.

Therapie-Erfolg: Colitis ulcerosa – Dinkelkost
»Ich bin Medizinstudent, 22 Jahre alt, und leide schon seit vier Jahren an Colitis ulcerosa. In schlimmen Situationen hatte ich schleimig-blutige Durchfälle und habe bis zu 10 kg abgenommen. Ich war sehr schwach, und mir wurde schnell schwarz vor Augen. Ich habe alles ausprobiert, was heute angeboten wird: starke Medikamente (Cortison und Aminosalizylsäure), Homöopathie, Qi Gong, Rohkost usw. Zufällig habe ich vor fünf Monaten das Buch *Die Ernährungstherapie der Hildegard v. Bingen* gesehen und habe es gleich gekauft. Ich habe dann mit der Ernährungstherapie angefangen und schon bald gute Erfolge erzielt. Ich habe 5 kg zugenommen und keinen Durchfall mehr. Ich fühle mich völlig gesund und kann meinem Studium ohne Sorgen nachgehen. Ich möchte Ihnen für Ihre Arbeit und auch der hl. Hildegard danken.«

Frauenkrankheiten

Die vier Temperamente

1. Von den Sanguinikerinnen

»Einige Frauen sind sehr begehrt, haben weiches, liebliches Fleisch, dünne Gefäße und gesundes Blut, frei von Fäulnis. Weil ihre Gefäße dünn sind, haben sie auch weniger Blut in sich, und ihr Fleisch wächst um so kräftiger und ist desto stärker mit Blut durchmischt. Solche Frauen haben ein helles, weißes Angesicht, sind in der Liebe entgegenkommend, liebenswürdig, lieben künstlerische Arbeiten und halten sich zurück. Bei der monatlichen Reinigung verlieren sie nur wenig Blut, ihre Gebärmutter ist zum Gebären kräftig entwickelt. Daher sind sie fruchtbar und können den männlichen Samen aufnehmen. Dennoch bringen sie nicht besonders viele Kinder zur Welt, und wenn sie ohne Gatten leben und deshalb keine Kinder gebären, neigen sie zu körperlichen Beschwerden. Wenn sie aber Gatten haben, sind sie gesund. Werden beim Monatsfluss vor der natürlichen Zeit bei ihnen Blutstropfen abgesperrt, so dass sie nicht ausfließen, dann werden sie manchmal schwarzgallig oder leiden an Schmerzen in der Seite oder es wird ein Wurm in ihrem Fleisch wachsen, oder es werden fließende Drüsen, welche Skropheln (Lymphknoten) genannt werden, bei ihnen aufbrechen, oder es wird sich bei ihnen ein, allerdings nur mäßiger, Aussatz entwickeln.«

2. Von den Phlegmatikerinnen

»Andere Frauen aber gibt es, deren Fleisch nicht viel wächst, weil sie dicke Gefäße haben und ziemlich gesundes Blut von heller Farbe, aber ein wenig Schleim enthaltend, woher es die helle Farbe hat. Ihr Gesichtsausdruck ist ernst, ihre Hautfarbe etwas dunkel; sie sind fleißig und tüchtig, und ihre Gemütsart ist etwas männlich. Zur Zeit des Monatsflusses rinnen die ausfließenden Blutbäche weder zu stark noch zu schwach, sondern mäßig. Weil sie dicke Gefäße haben, sind sie in ihrer Nachkommenschaft sehr fruchtbar, empfangen auch leicht, weil ihre Gebärmutter wie auch die übrigen Eingeweide kräftig gebaut ist. Sie ziehen die Männer an und nach sich, und deshalb lieben die Männer sie. Wollen sie sich des Umgangs mit Männern enthalten, so können sie sich vor der Verbindung mit ihnen zurückhalten und werden davon nicht viel, wenn auch etwas, mitgenommen. Jedoch werden sie, wenn sie die Vereinigung mit Männern vermeiden, in ihrem Wesen unleidlich und unangenehm. Wenn sie aber mit Männern verkehrt haben, weil sie sich von der Verbindung mit ihnen nicht zurückhalten wollten, dann werden sie in ihrer Leidenschaft unenthaltsam und maßlos wie die Männer. Weil sie etwas männlich sind, entwickelt sich bei ihnen infolge der ihnen eigenen Lebhaftigkeit zuweilen ein leichter Bartflaum in der Gegend des Kinns. Wird aber der Blutfluss während des Monatsflusses vorzeitig bei ihnen unterbrochen, dann befällt sie entweder ein Kopfleiden, die Hirnwut, oder sie werden milzkrank oder wassersüchtig, oder das wuchernde Fleisch, welches sich bei Geschwüren regelmäßig findet, nimmt bei ihnen an Wachstum zu, oder sie bringen an irgendeinem Gliede wucherndes Fleisch hervor, etwa so, wie eine Geschwulst an einem Baume oder an einer Obstfrucht.«

3. Von den Cholerikerinnen

»Wieder andere Frauen haben zartes Fleisch, aber grobe Knochen, mäßig weite Gefäße, dickes und rotes Blut und eine bleiche Gesichtsfarbe. Sie sind klug und wohlwollend, von den Leuten wird ihnen Ehrfurcht erwiesen, und sie werden gefürchtet. Beim Monatsfluss leiden sie an starkem Blutverlust, die Gebärmutter ist bei ihnen kräftig entwickelt, und sie sind fruchtbar. Die Männer lieben ihr Wesen, haben aber trotzdem einige Scheu vor ihnen, weil solche Frauen die Männer zwar anlocken, aber nicht für die Dauer nach sich ziehen. Sind sie mit Männern ehelich verbunden, dann sind sie keusch, bewahren ihnen die Treue und sind mit ihnen körperlich gesund. Bleiben sie unverheiratet, so werden sie an ihrem Körper Schmerzen erleiden, und sie werden schwach sein, sowohl deshalb, weil sie nicht wissen, welchem Manne sie ihre Weibestreue bewahren könnten, wie auch besonders deshalb, weil sie … keinen Gatten haben. Hört der Monatsfluss vor der richtigen Zeit bei ihnen auf, dann werden sie leicht gelähmt und zerfließen in ihren Säften, so dass sie in diesen Säften krank werden, sei es, dass sie an der Leber leiden oder auch leicht an der schwarzen Drachengeschwulst (Krampfadern) erkranken oder dass ihre Brüste vom Krebs anschwellen.«

4. Von den Melancholikerinnen

»Noch andere Frauen haben mageres Fleisch, dicke Gefäße und mäßig starke Knochen. Ihr Blut ist mehr schleimig als blutig, ihre Gesichtsfarbe ist wie mit einem blaugrauen und schwarzen Ton gemischt. Solche Frauen sind windig und unstet in ihren Gedanken und von übler Laune, wenn sie durch eine Beschwerde dahinsiechen. Sie haben ein wenig widerstandsfähiges Naturell und leiden deshalb manchmal an

Schwermut. Beim Monatsfluss verlieren sie viel Blut, und sie sind unfruchtbar, weil sie eine schwache und hinfällige Gebärmutter haben. Daher können sie den männlichen Samen weder aufnehmen und behalten noch auch ihn erwärmen. Sie sind deshalb ohne Gatten gesünder, kräftiger und fröhlicher als mit ihnen, weil sie nach dem ehelichen Verkehr schwach werden. Die Männer aber wenden sich von ihnen ab und meiden sie, weil solche Frauen sie nicht freundlich anreden und weil sie sie nur wenig lieben. Werden sie einmal zu irgendeiner beliebigen Stunde von einem fleischlichen Gelüst ergriffen, so vergeht dies bei ihnen schnell wieder. Indessen kommt es vor, dass einzelne von diesen Frauen in der Ehe mit robusten, vollblütigen Männern, wenn sie ein kräftiges Alter, so etwa von fünfzig Jahren, erreicht haben, wenigstens ein Kind zur Welt bringen. Waren sie aber mit andersgearteten Gatten von schwächlicher Natur zusammen, so empfangen sie von diesen nicht, sondern werden unfruchtbar bleiben. Hört der Monatsfluss bei ihnen früher auf, als es der weiblichen Natur entspricht, so werden sie zuweilen vom Podagra befallen oder bekommen geschwollene Beine. Auch das Kopfleiden, das von der Schwarzgalle verursacht wird, werden sie bekommen, ebenso Rücken- und Nierenschmerzen. Sie können auch in kurzer Zeit am ganzen Leibe anschwellen, weil die Jauche und die Unreinheit, die durch die monatliche Reinigung aus ihrem Körper herausbefördert werden sollten, in ihnen verstopft werden und stecken bleiben. Wird ihnen in ihrem leidenden Zustand keine Hilfe zuteil, so dass sie durch Gottes Hilfe oder durch Arznei nicht von ihm befreit werden, so werden sie bald sterben.«

Menstruationsmangel (Dysmenorrhoe)

Der verhaltene Monatsfluss, überwiegend beim Frauentyp Sanguiniker, ist gegenüber der zu starken Blutungsneigung als das weitaus schlimmere Übel anzusehen. Viele Frauenkrankheiten – ja sogar Krebs – können damit zusammenhängen. Als Universalbehandlung haben sich die Mutterkraut-Rainfarn-Königskerzen-Sauna und der Aderlass bewährt.

Mutterkraut-Rainfarn-Königskerzen-Sauna: 1 EL Mutterkrautblätter, 1 EL Rainfarnblätter ohne Blüten, 2 EL Königskerze

Kräuter gehackt in 1 l Wasser 3 Minuten aufkochen, absieben. Aufguss tropfenweise in der Sauna verdampfen lassen. Warme Kräuter in der Sauna als Kompresse auf Unterleib und Genitalien auflegen. Die Anwendung hat sich bei Frauen mit geringer Monatsblutung bewährt, ebenso bei jungen Frauen, die auf irgendeine Weise in der Ehe enttäuscht sind. Bei ihnen bleibt manchmal die Menstruation aus. Auch hier hilft dieser Saunaaufguss.

Menstruationsmangel, verhaltener Monatsfluss, prämenstruelle Beschwerden

Liebstöckel-Dotter-Suppe: 1 Ei, 250 ml Hühnerbouillon, 3 EL Sahne, 125 ml Frankenwein, 2 EL Liebstöckelsaft-Urtinktur

Ei in Bouillon verquirlen und alles zusammen aufkochen. Einmal täglich vor und nach der Hauptmahlzeit vom Tag des Eisprungs bis zur einsetzenden Menstruation nehmen, gegebenenfalls wiederholen.

Diät bei Menstruationsmangel:
Im Rahmen einer Ganzheitsbehandlung erfolgt ein Hildegard-Aderlass und eine spezielle Diät: »In der Zeit, wo die Frau an verhaltener Monatsregel leidet, soll sie Fleisch vom Rind und andere grobe Speisen meiden, weil sie dadurch verkrampft, dagegen soll sie süße Speisen essen und Wein trinken. Wenn sie zwischendurch einmal Wasser trinken will,

soll sie Wasser aus der Zisterne [Brunnenwasser] trinken und die Wasser von sprudelnden und fließenden Quellen meiden, weil sie härter [rauher] als andere Wasser sind. Flusswasser müsste sie kochen und dann auskühlen lassen, bevor sie es trinkt, weil es, auf solche Weise behandelt, weich wird.«

Präklimakterische Beschwerden, schmerzhafte Menstruation

Weinraute:
Ein- bis dreimal täglich 1 Tablette Weinraute oder 1 Blatt frische Weinraute nach dem Essen einnehmen.

Zwischenblutungen, zu starke Menstruation

Wasserwickel:
Bei zu starker Menstruation oder Zwischenblutungen empfiehlt Hildegard den Kaltwasserwickel, der sich außerordentlich gut bewährt hat:

> »Wenn eine verheiratete Frau zu unrechter Zeit an starkem Monatsfluss leidet, soll sie ein leinenes Tuch nehmen und in kaltes Wasser tauchen und damit oft ihre Oberschenkel umwinden, damit sie innerlich kühler werden. Denn durch die Frischheit der Leinwand und des kühlen Wassers wird der unrechte Blutfluss zurückgehalten. Hernach streife sie das Blut in allen Venen, nämlich der Beine, des Bauches und der Brust und der Arme, unter leichtem Druck mit den Händen herzwärts oft heraus, bis sie gezwungen sind, dem Blut einen rechten Weg freizugeben.«

Das Mittel entspricht der Wärmeableitung durch einen Kaltwasserwickel nach Kneipp.

Prämenstruelles Syndrom (PMS), Endometriose, Eierstockzysten

Mutterkrautsalbe: 20 ml Mutterkrautpflanzenbrei oder 2 EL Mutterkrautsaft (Urtinktur)

Mutterkraut mit 100 g Butter zu einer Salbe verrühren, Wasser abtrennen. Den Unterleib mit der Masse einmassieren.

Myome

Myome sind weit verbreitet und eine Folge der hormonhaltigen Antibabypille (Ovulationshemmer, Antikonzeptiva) oder auch eines ständigen Reizes, z. B. durch ein Intrauterinpessar (Spirale). Auch Sorgen, Kummer, Stress, eine ungesunde Lebensweise und Ernährung sowie eine schlechte Immunabwehr können die Myombildung verursachen.

Bevor man sich zu einer Operation mit ihren Risiken entschließt, ist ein Versuch über mindestens drei Monate mit den folgenden Hildegard-Heilmitteln empfehlenswert:

Zu Beginn wird zur Säftereinigung und Stimulation der Abwehrkräfte ein Hildegard-Aderlass durchgeführt, anschließend die Ernährung auf Dinkelkost umgestellt; Küchengifte und Ernährungsfehler (Rohkost- und Schweinefleischverbot) vermeiden. Unter der Kontrolle durch Ultraschall konnte nachgewiesen werden, dass durch die Behandlung mit Wasserlinsen-Elixier – 1 Likörglas vor dem Frühstück, 1 Likörglas vor dem Schlafengehen für mindestens 3 Monate – und tägliches Einreihen des Unterleibs mit Veilchencreme das Myomwachstum zum Stillstand gebracht wurde. In einigen Fällen bildeten sich die Myome teilweise zurück, oder kleinere Myome von etwa 3 cm Durchmesser verschwanden. Der Wirkungseintritt beginnt bereits nach drei bis vier Wochen.

Operationsnarben können oft unangenehme Schmerzen und Irritationen hinterlassen. Zur Linderung werden die Narben nach der Wundheilung (normalerweise zehn Tage nach der Operation) mit Veilchencreme massiert.

Veilchencreme: 20 ml Veilchenblätter und -blütensaft, 10 ml Olivenöl, 30 g Ziegenfett

Zutaten vorsichtig zum Sieden bringen, wässrige Schicht abtrennen und zu Salbe verarbeiten.

Die Wirkung der Veilchencreme bei präkanzerösen Brusterkrankungen (Mastopathie) ist ebenso gut wie bei Lymphdrüsenschwellungen bei und nach verschiedenen Infektionen, Zystenbildung in der Brust, Bindegewebsknoten, Brustkrebs, Hautkrebs und Strahlenschäden. Zur Verhinderung von Metastasenbildung nach Brustoperationen reibt man die Operationsnarbe zentripetal damit ein und streicht sie zum Lymphgefäß aus. Bei manchen Frauen wirkt die Salbe hervorragend bei der Behandlung von Stirnkopfschmerzen und Nebenhöhlenkopfschmerzen, wobei die Stirn kräftig eingerieben wird.

Therapie-Erfolg: Hormonregulationsstörungen – Liebstöckel-Dotter-Suppe, Aderlass

Bei der 34-jährigen Patientin K. R. blieb vor einem Jahr, infolge von Hormonregulationsstörungen, die Periode aus. Nach Aderlass und Liebstöckelsuppe stellte sie sich innerhalb von einem Monat wieder ein.

Therapie-Erfolg: Keine Regelblutung, Amenorrhoe – Mutterkrautsalbe und Hirschzungen-Elixier

Die 19-jährige Patientin G. R. hatte wegen einer Hungerkur, in der sie zehn Kilogramm abgenommen hatte, seit vier Monaten keine Menstruation mehr und litt an Unterleibsschmerzen. Nach der Einnahme von Hirschzungen-Elixier und der Verwendung von Mutterkrautsalbe stellten sich die monatlichen Blutungen innerhalb weniger Tage wieder ein.

Therapie-Erfolg: Blutungen – Weinraute
Infolge einer Ausschabung traten anhaltende, akute, starke Blutungen auf, so dass die 45-jährige Patientin total geschwächt war und das Haus nicht mehr verlassen konnte. Mutterkornalkaloide und Homöopathie brachten keine Hilfe.
Frische Weinrautenblätter aus dem Garten brachten innerhalb von 30 Minuten die Blutungen schlagartig zum Stillstand. Auch beim nächsten Zyklus traten wieder normale Blutungen auf.

Therapie-Erfolg: Blutungen – Kaltwasserwickel
Die Patientin W. H., 38 Jahre alt, zwei Kinder. Nach der Krebsvorsorge mit Gewebsentnahme (PE) Gebärmutterentzündung mit starken Blutungen. Nach einer dreitägigen Behandlung mit Kaltwasserwickeln (täglich vor dem Schlafengehen) traten keine Blutungen mehr auf.

Therapie-Erfolg: Hormonregulationsstörungen – Liebstöckel-Dotter-Suppe, Aderlass
Die 43-jährige Hotelkauffrau leidet seit Jahren an Hormonregulationsstörungen mit zu früher oder zu später Menstruation und starken Zwischenblutungen, die sie sehr schwächen. Nach Aderlass und zweiwöchiger Einnahme von Liebstöckel-Dotter-Suppe verschwinden die Zwischenblutungen, und die Monatsblutungen normalisieren sich.

Gicht

Harnsäuregicht

»Wer weiches, üppiges Fleisch an seinem Körper hat, und häufig allerlei Leckerbissen verspeist, wird leicht von der Großzehengicht befallen …
Es ereignet sich auch bei den Leuten, die allerlei durcheinander essen, dass sie danach leicht krank werden. Wenn also solche Leute im Übermaß allerlei leckere Speisen zu sich nehmen, so gewinnen die schlechten Säfte in ihnen an Überhand, fließen in ihnen über und vermehren sich so, dass es unmöglich wird, sie zurückzuhalten, dass sie nicht ohne Ordnung hin und her fließen und so endlich in die unteren Körperteile herabfallen und in den Schenkeln und Füßen sich austoben. Und weil sie hier keinen Ausweg finden und wieder nach oben steigen wollen, es aber nicht können, so verbleiben sie in den unteren Gliedern, werden in Schleim (Schlacke) umgewandelt und verhärten sich. Dann empfindet solch ein Mensch in seinen Beinen und Füßen, dass die Großzehengicht da ist, und er leidet an dermaßen großen Schmerzen, dass er kaum mehr gehen kann.«

Die echte Gicht wird von Hildegard als »gutta« (= Tropfen) und als eine Sonderform des Rheumatismus beschrieben. Auch hier handelt es sich um eine Stoffwechselstörung, wobei sich Harnsäure in den Gelenken, besonders im Fußgelenk und in den Fingergelenken ablagert und heftige Attacken auslösen kann. Die Podagra (Fußgicht) ist die letzte Krankheit, die Hildegard in ihrer Diagnostik von Kopf bis Fuß beschreibt.

Gichtschmerzen, Parkinson, Gliederzittern, Arthritis, Gichtfinger und -zehen, Herdrheuma

Selleriesamenmischpulver: 60 g Selleriesamenpulver, 20 g Weinrautenpulver, 15 g Muskatnusspulver, 10 g Gewürznelkenpulver, 5 g Steinbrech

Man nimmt 1 TL Selleriesamenmischpulver auf Brot mit Quittenmarmelade und kaut diese Mischung kräftig durch. Bei schweren Gichtschmerzen kann man diese Methode dreimal täglich wiederholen.

Beides, Quitten wie Selleriesamen, senken den Harnsäurespiegel. Bereits nach kurzer Zeit lassen die Schmerzen nach, spätestens nach 8 Tagen. Die Kur beträgt 6–8 Wochen. Gichtfinger bilden sich bei längerer Anwendung zurück. Bei starken Schmerzen nimmt man dreimal täglich 1 TL, dann 2 Wochen lang täglich 2 TL und schließlich 1 TL täglich bis zur Besserung. Bei wieder auftretenden Schmerzen (Gichtanfall) erneut 3 TL pro Tag.

Gicht, Vergichtung, Nervenleiden, Multiple Sklerose, Lähmung nach Schlaganfall

Schlehenaschen-Elixier: 40 g Schlehenasche, 30 g Gewürznelkenpulver, 60 g Zimt, 100 g abgeschäumten Honig, 3 l Wein

Schlehenasche, Nelken und Zimt 5 Minuten in Honigwein aufkochen, absieben und steril abfüllen.

4 Wochen lang nimmt man 1 EL vor und 1 Likörglas nach den Mahlzeiten, macht dann 14 Tage lang Pause und wieder-

holt die Einnahme für 3–6 Monate. Mit dem Schlehenaschen-Elixier gibt es positive Erfahrungen bei der Beseitigung von Lähmungserscheinungen nach einem Schlaganfall oder auch von Lähmungen bei einer noch nicht lange währenden Multiplen Sklerose. Das Mittel muss langfristig genommen werden bei gleichzeitiger Umstellung der Ernährung auf Dinkel, Obst und Gemüse und absoluter Vermeidung von Rohkost.

Multiple Sklerose, Lähmungen

Weinraute:
3–4 Weinrauteblätter oder eine Weinrautetablette nach dem Essen nehmen. Weinraute gehört zu den Solitärdrogen, d.h. jenen Pflanzen, die auch für sich allein schon eine Heilwirkung haben. Dabei ist die Rohpflanze frisch besser als Weinrautetabletten, die man aber auch nehmen kann.

Neuere Ergebnisse haben gezeigt, dass die Weinraute in der Lage ist, die Hyalinfasern (Fasern, die die Nerven schützen) zu regenerieren. Und genau das ist das Einsatzgebiet der Weinraute bei Multiple Sklerose. (Siehe auch Kapitel Frauenkrankheiten).

Basistherapie: Schlehenaschen-Elixier

Ischialgien, Rückenschmerzen, Bandscheibenschaden

Weizenkörnerpackung: 1 kg Weizen, 3 l Wasser

Weizen in Wasser 15 Minuten aufkochen, absieben, die warmen Körner auf einem Frotteehandtuch verteilen. Anschließend sollte man sich 2–3 Stunden auf die warmen Körner legen. Danach trinkt man einen Galgantwurzelwein: 1 TL Galgantwurzel, 200 ml Wein. Galgant in Wein 3 Minuten aufkochen, absieben und warm schluckweise trinken.

Harnsäuregicht, Hexenschuss

Petersilie-Weinraute-Olivenöl-Packung: 10 g frische Petersilienblätter, 40 g Weinrauteblätter, 100 ml Olivenöl

Die Kräuter kleinhacken, mit Olivenöl aufkochen, in einer Mullbinde noch warm auf die Schmerzstelle binden, 1 Stunde liegen lassen.

Therapie-Erfolg: Gicht – Dinkel

»Mein mongoloider Sohn, 26 Jahre alt, hatte Harnsäure im Blut und litt an Gichtschmerzen. Seit wir Dinkel essen, ist alles gut. Auch seine Verdauung. Mongoloide neigen zur Bequemlichkeit auch in bezug auf die Verdauung, aber nun klappt alles wieder wunderbar. Auch seine Akne verbesserte sich.«

Therapie-Erfolg: Ischialgie – Weizenkörnerpackung

Die 79-jährige Stadtdirektorin H. M. litt schon seit ihrer Jugend an Rückenschmerzen. Sie litt ganz besonders an Ischiasschmerzen, die bis in den linken Unterschenkel ausstrahlten. Intensive Hildegard-Physiotherapie wie Ulmenholzfeuer-Massage, Schröpfen, Farnbäder und Eschenblätterpackungen wurden im Hildegard-Kurhaus durchgeführt. Dabei half besonders die Weizenkörnerpackung. Die Wärme tat der Patientin gut. Alle chemischen Salbenmittel wurden nach einer einwöchigen Rheuma-Gesundheitskur überflüssig.

Therapie-Erfolg: Gicht – Nelken kauen

Die 58-jährige Patientin H. M. hatte Gelenkschmerzen. Der linke Zeh war dick und angeschwollen und die Wade schmerzte. Während einer Woche kaute die Patientin täglich drei Gewürznelken, und nach einer Woche waren die Gichtschmerzen weg.

Therapie-Erfolg: Ischialgie – Wermutsalbe
Der 54-jährige Gärtnermeister D. O. leidet immer wieder an Ischiasschmerzen, die ihn bewegungsunfähig machen. Durch zwei- bis dreimaliges Einmassieren der Wermutsalbe vor dem Ulmenholzfeuer verschwinden die Schmerzen schlagartig.

Therapie-Erfolg: Rheumaschmerzen – Selleriesamenmischpulver
»Seit einigen Jahren leide ich an rheumatischen Schmerzen im Schulter-Rückenbereich, die immer stärker wurden und geradezu in rheumatischen Schüben mit schlimmem Schüttelfrost auftraten. Daraufhin wurde mir Selleriemischpulver verordnet. Da ich das Pulver unregelmäßig einnahm, brachte es nicht die gewünschte Wirkung.
Als sich erneut ein heftiger Rheumaschub mit Schüttelfrost einstellte und mir die Nachtruhe raubte, griff ich zur Hildegard-Literatur. Aus dem betreffenden Text war zu ersehen, dass bei akuten Gicht- und Rheumaschüben jeweils 1 TL Selleriemischpulver vor den Mahlzeiten eingenommen werden muss. In derselben Nacht nahm ich, da ich nicht schlafen konnte, mehrmals 1 TL von dem Pulver. Schon nach der zweiten Einnahme gingen die Schmerzen und auch der Schüttelfrost deutlich zurück. Nach dreitägiger regelmäßiger Einnahme des Pulvers – auch nach dem Essen – waren fast keine Schmerzen mehr spürbar.
Inzwischen sind mehrere Wochen vergangen, ohne dass ein weiterer Rheumaschub auftrat. Das Selleriemischpulver nehme ich weiterhin vor den Mahlzeiten ein.«

Therapie-Erfolg: Hexenschuss – Jaspisscheibe
»Anfang September bekam ich plötzlich – wie schon häufiger – ziemliche Schmerzen mit Bewegungseinschränkungen im Lendenwirbelbereich.
Bemühungen, eine Besserung mit herkömmlichen Mitteln

wie Einreibungen, Bestrahlungen usw. zu erreichen, blieben erfolglos.
Herr Dr. Strehlow überließ mir versuchsweise einen »Jasisstein« den ich an der schmerzenden Stelle drei Tage und Nächte trug.
Seit dieser Zeit bin ich schmerzfrei.«

Gripe

Schnupfen, Husten, Heiserkeit – Virusgrippe

»Wenn auch das menschliche Gehirn meist gesund und rein ist, so dringen doch zuweilen unruhige Stürme und andere Elemente ins Gehirn hinauf, die allerlei Säfte ins Gehirn und wieder weg transportieren. Dadurch tritt manchmal in der Nase und Kehle ein nebliger Rauch auf, der dort schädlichen Schleim ansammelt …
Dieser Schleim zieht dort das Krankhafte der schwachen Säfte zusammen, so dass sie unter Schmerzen aus Nase und Kehle ausgeschieden werden wie reife Geschwüre, die aufbrechen und schädliche Schleime entleeren …«

Pelargoniummischpulver: 20 g Edelpelargoniumpulver, 10 g Bertrampulver, 10 g Muskatpulver

Alles miteinander mischen und wie folgt einnehmen:

Bei Schnupfen: Das Gefäß öffnen und mehrmals täglich daran riechen. Zur Vorbeugung gegen Schnupfen beim ersten Niesen sofort schnuppern. Mehrmals täglich wiederholen. Hilft jedoch nicht bei bakteriellem Schnupfen mit starkem gelben Nasensekret.

Bei Kopfschmerzen: Mit Salz auf Brot 1–3 Msp. von dem Pulver verteilen, durchkauen. Hilft in wenigen Minuten.

Bei Erkältungen und Halsweh: 1 TL Pulver in $^1/_4$ l Wein aufkochen und trinken.

Bei Husten mit Brustschmerzen: Mehl mit diesem Pulver mischen und kleine Pfannkuchen daraus bereiten. Oft vor und nach den Mahlzeiten essen.

Bei verdorbenem Magen und Blähungen: 1–3 Msp. trocken nach dem Essen einnehmen.

Bei grippegeschwächtem oder *-geschädigtem Herz,* aber auch sonst als Herzmittel: 1–3 Msp. trocken einnehmen, nämlich entweder auf Brot oder mit feuchten Fingern auftupfen oder mit der Zunge aus der Hand auflecken.

Dieses Pulver ist das beste zur Erhaltung der Gesundheit des Herzens und sorgt dafür, dass die Grippetoxine von den Herzklappen ausgeschwemmt werden. Diese Grippebehandlung ist sehr wichtig, damit nicht im Alter das sogenannte grippegeschädigte Altersherz entsteht.

Andornkraut-Elixier: 10 g Andornkraut, 30 g Fenchelkörner, 30 g Dillkraut, 30 g Königskerzenblüten, 1 l Süßwein

Man nimmt 3 EL Kräuter, kocht sie 3–4 Minuten in gutem Süß- oder Kabinettwein und siebt sie ab. In der Thermoskanne aufbewahren. Kinder bis zum sechsten Lebensjahr bekommen mehrmals täglich 1 TL bzw. Kinder bis zwölf Jahren mehrmals täglich 1 EL davon. Bei Erwachsenen nehme man die ganze Menge über den Tag verteilt. Das Andornkraut-Elixier schmeckt bitter und kann mit Honig gesüßt werden. Es hilft bei einfachem Erkältungshusten, Grippehusten oder Husten, der durch Leberleiden entsteht, denn der Husten nimmt seinen Ursprung von einem Leber- oder Lungenleiden.

Die ätherischen Öle der Andornmischkräuter wirken krampflösend, entzündungshemmend und schleimlösend, wodurch eine deutliche Erleichterung der Atmung eintritt. Der unangenehme Reizhusten wird dadurch gelindert, weil der Bronchialschleim aufgelöst und abgehustet werden kann.

Die Andornmischkräuter sind unser bestes Grippemittel,

wenn es einen so richtig erwischt hat. Man kann mit diesem Mittel die Grippeviren aus dem Körper auf wunderbare Weise wieder ausspülen.

Rachenkatarrh, chronische Entzündungen von Rachen und Kehlkopf sowie Nebenhöhlenentzündungen, vereiterte Mandeln

Andornrahmsuppe: 1 EL Andornkraut, 1 Tasse kaltes Wasser, $^1/_4$ l Südwein, 2 EL Sahne oder Butter

Andornkraut mit Wasser 3 Minuten aufkochen, absieben. Sahne und Butter hinzufügen und mit dem Wein nochmals 2 Minuten aufkochen. Einmal täglich 1 Woche lang warm schluckweise trinken.

Trockener Husten, hartnäckiger Husten nach Grippe, Keuchhusten, Reizhusten

Getrocknete Pflaumenkerne: 40 Pflaumenkerne, 1 Tasse Wein

Pflaumenkerne mit Nussknacker öffnen, trocknen lassen und 1–2 Tage in 1 Tasse Wein einlegen. Täglich 8 gehackte Kerne und 1–2 EL Wein in Dinkelgrießsuppe geben und 5 Tage lang einnehmen.

Brustschmerzen, Bronchitis, Hilusdrüsen, Rippenfellreizung, Rippenfellentzündung, arteriosklerotische Herzschmerzen

Wermutöl: 10 ml Wermutsaft, 20 ml Olivenöl

Frisch gepressten Wermutsaft und Olivenöl mischen und in einem braunen Medizinfläschchen 10 Tage lang dem Sonnenlicht aussetzen, absieben (1 Jahr haltbar). Die betroffenen Schmerzstellen mit einigen Tropfen ein- oder mehrmals täglich, vor allen Dingen vor dem Schlafengehen, einreiben.

Vorsicht! Wermutöl kann Allergien auslösen. Daher vorher einen Tropfen auftragen und etwa 5 Minuten abwarten, ob eine Rötung eintritt. Dann darf dieses Mittel nicht mehr eingesetzt werden. Das Wermutöl hat sich auch bei arteriosklerotischen Herzschmerzen außerordentlich gut bewährt. Die Gefäße werden nach der Behandlung mit Wermutöl wieder durchgängig.

Kurzatmigkeit, Stauungsbronchitis, Atemnot, Herzinsuffizienz

Meerrettich-Galgant-Mischung:
Die sonnengetrockneten Meerrettichblätter aber auch den Meerrettich gerieben mit kleinen Mengen Galgant 1:1 mischen. Man nimmt davon täglich 1–3 Msp. Pulver auf Brot, zuerst nur vor dem Essen, nach längerem Gebrauch und guter Verträglichkeit auch nach den Mahlzeiten. Dieses Mittel hat sich bei Herz-Lungenleiden außerordentlich gut bewährt, weil der Meerrettich ein Heilmittel für die Lunge und ein Hilfsmittel für das Herz ist. In hartnäckigen Fällen von Husten Meerrettich-Püree 1:1 mit Galgantpulver mischen und 1–3 Msp. davon auf Brot vor und nach dem Essen zu sich nehmen.

Universalmittel für Schnupfen, Stockschnupfen, Heuschnupfen, Stirn- und Nebenhöhlen infiziert, Große Kur zur Ausheilung von Nebenhöhlen-Sinusitis

Fenchel-Dill-Kräuter: 20 g Fenchelkraut, 80 g Dillkraut

Alles miteinander mischen und 1 EL der Riechkräuter auf Tonscherben (Blumentopfscherben) auf der Herdplatte verräuchern. Der Rauch wird durch Mund und Nase eingeatmet. Zum Schluss werden die verkohlten Kräuter auf warmes Brot gestreut und mitgegessen. Täglich einmal für 2 Wochen durchführen, und der Schnupfen ist verschwunden.

Chronische Bronchitits, chronischer Leberhusten mit Leberbeteiligung

Hirschzungen-Elixier: 6 g Hirschzungenfarnkraut getrocknet, 1 l Wein, 100 g Honig, 5 g langer Pfeffer (Piper longum), 20 g Zimtrinde

Hirschzungenfarnkraut in Wein kochen, Honig hinzufügen und ein zweites Mal aufkochen. Mit Pfeffer und Zimt ein drittes Mal aufkochen und filtern.

In der ersten Woche dreimal täglich 1 Likörglas nach dem Essen, danach 6–8 Wochen lang vor und nach dem Essen einnehmen.

Das Hirschzungen-Elixier ist eines der besten Heilmittel. Wenn ein chronisches Lungenleiden einfach nicht verschwinden will, dann steckt mit Sicherheit die Leber dahinter. Und dieses Mittel heilt die Krankheit vollständig aus, wobei gleichzeitig Leber und Lunge geheilt werden.

Neben der Heilung von Leber und Lunge hat sich das Hirschzungen-Elixier ganz besonders zur Hormonregulierung bewährt. Es stimuliert die Schilddrüsen, die Eierstöcke und selbst die Bauchspeicheldrüse, so dass es auch bei Diabetes eingesetzt werden kann.

Asthma bronchiale, Kurzatmigkeit mit eitrigem Auswurf und Atemnot

Wacholderbeer-Elixier: 10 g Wacholderbeeren, 20 g Königskerzenblüten, 40 g Bertramwurzelpulver, 1 l Frankenwein, 20 g Alantwurzel

Wacholderbeeren, Königskerzenblüten und Bertrampulver in Wein 3 Minuten aufkochen und absieben. Dazu 20 g geschnittene Alantwurzel 24 Stunden einlegen, vom Rückstand abgießen und abfüllen.

2–3 Wochen lang dreimal täglich 1 Likörglas vor und nach dem Essen einnehmen, bis Erleichterung eintritt. Nach 2 Wochen Pause eventuell wiederholen.

Wacholderbeer-Elixier gehört zu den wichtigsten Heilmitteln bei Asthma.

Mit diesem Mittel hat schon mancher Hildegard-Patient sein Asthma so unter Kontrolle bekommen, dass er auf chemische Asthmamittel wie Cortison und Sprays verzichten konnte.

Chronische Verschleimung der Atmungsorgane, chronischer Katarrh, chronische Rhinitis und Bronchitis, Große Purgierkur der oberen Schleimhäute

Odermennigtabletten:
Die Odermennigtabletten sind als homöopathisches Arzneimittel zugelassen. Eine Selbstherstellung ist nur schwer möglich.

Man nimmt morgens 5–8 Tabletten nüchtern im Bett, lässt sie langsam zergehen und wartet mit dem Frühstück bis zur Mittagszeit. Die Kur mit den Odermennigtabletten macht man 2 Wochen lang.

Die große Odermennigkur reinigt den Organismus von Auswurf und der Verschleimung der Schleimhäute, von der

Nase bis zum Rachenraum, von den Bronchien bis zum Magen. Odermennigtabletten haben eine leicht abführende Wirkung und werden morgens bereits im nüchternen Zustand im Bett eingenommen, wobei ihre reinigende Wirkung im Laufe des Vormittags eintritt.

Verschleimung, Reizhusten, Bronchitis

Brombeer-Elixier: 9 g Bertrampulver, 7,5 g Brombeerblätter getrocknet, 2 g Ysop, 5 g Dost (Origano) getrocknet, 100 g Honig, 500 ml Weißwein

Bertrampulver, Brombeerblätter, Ysop, Dost, Honig in Wein kochen und absieben. Dreimal täglich nach dem Essen 1 Likörglas trinken.

Dieses Mittel enthält sehr viel Bertram und ist das wichtigste Entschleimungsmittel in der Hildegard-Medizin.

Grippefieber, Polypen, Lymphknotenschwellung, Lymphatismus

Akelei-Urtinktur:
Dreimal täglich 5–10 Tropfen Akelei-Urtinktur vor dem Essen einnehmen. Kindern dreimal täglich 3 Tropfen vor dem Essen verabreichen. Die Akelei-Urtinktur hilft sehr gut bei Grippefieber, besonders bei Kindern, auch bei chronisch-subfebrilen Zuständen, bei denen die Temperatur nur wenig erhöht ist, aber ein deutliches Fiebergefühl entsteht. Kinder, die Polypen oder öfter geschwollene Lymphdrüsen haben, essen täglich 1–2 frische Akeleiblätter aus dem Garten oder nehmen eine Akelei-Apfelmus-Mischung zu sich.

Akelei-Apfelmus-Mischung: 30 ml Akelei-Urtinktur, 50 g Akeleikraut gepulvert

1–2 Msp. mit Apfelmus über den Tag verteilt essen.

Bei übermäßigem Auswurf und Verschleimung wird Akeleihonig aus 30g Akeleipulver und 100 g Honig hergestellt, wobei man täglich 1–3 Msp. davon einnimmt. Die Kur empfiehlt sich auch bei Kindern mit Polypenneigung, wobei die Polypen innerhalb von ein bis drei Monaten verschwinden. Eine Polypenoperation wird dadurch meistens überflüssig, was aus doppeltem Grund erfreulich ist: Jede Operation verursacht nicht nur Narben, sondern an den Narben wachsen erneut Polypen.

Grippevorbeugung, Polyarthritis, Rheuma

Goldkur mit Goldteig und Goldkeks: 1,2 g reines gepulvertes Nuggetgold, 2 EL Dinkelmehl, 2 EL Wasser

Den Teig halbieren und am ersten Tag $^1/_2$ Stunde vor dem Frühstück die erste Hälfte essen. Am zweiten Tag den restlichen Teig 15 Minuten zu einem Keks backen und ebenfalls $^1/_2$ Stunde vor dem Frühstück essen. Das Gold liegt zwei Monate im Magen-Darm-Trakt (kann sogar im Röntgenbild sichtbar gemacht werden) und greift die Schleimhäute dennoch nicht an, macht sie nicht geschwürig. Dagegen wärmt und reinigt es, ohne den Magen zu gefährden, wenn jemand erkältet und verschleimt ist (Gastritis). Wenn das ein gesunder Mensch macht, hält es ihm die Gesundheit, und wenn es ein Kranker macht, wird er gesund. Das feine Goldpulver verteilt sich über längere Zeit auf der Magen-Darm-Schleimhaut und wirkt auf das Immunsystem des Menschen, d.h., ein schwaches Immunsystem wird stimuliert, ein zu starkes, überschießendes, so genanntes aggressives Immunsystem zurückgeholt.

Die Hildegardische Goldkur ist vollkommen frei von Nebenwirkungen, da sich das Goldmetall im Körper nicht löst, sondern nur durch eine Mischung aus Salpetersäure und

Salzsäure aufgelöst werden könnte (Königswasser), die im Körper aber nicht vorkommt. Die Goldkur hat sich besonders gut nach dem Hildegardischen Aderlass bewährt.

Fieberuniversalmittel

Meisterwurzwein: 1 EL Meisterwurz geschnitten, $^1/_2$ Tasse Wein

Abends ansetzen, über Nacht stehen lassen und am nächsten Morgen mit etwas frischem Wein auffüllen. Jeden Abend wieder neu ansetzen.

Über den Tag verteilt vor dem Essen schluckweise davon trinken. Kinder nehmen entsprechend die Hälfte oder noch weniger. Kurdauer: 3–5 Tage. Nicht zu früh damit aufhören, sonst kehrt das Fieber zurück.

Grippesymptomatik, Prophylaktikum, Kopfschmerzen, Herzschmerzen, Magenkatarrh, Heiserkeit, Husten und Influenza

Galgant in Himbeerwasser:
Als prophylaktische Maßnahme zur Steigerung der körperlichen Abwehrkraft hat sich die tägliche Einnahme von 1–2 Galganttabletten (oder 1–3 Msp. Galgantpulver), aufgelöst in 1 Glas Himbeerwasser, mit frisch ausgepresstem Zitronensaft außerordentlich bewährt.

Dieses Mittel wird bis Herbst oder Winter einmal täglich getrunken.

Grippeschutz durch Sauna

Öfters wird bei Hildegard die Saunatherapie mit speziellen Aufgüssen zur Heilung von verschiedenen Krankheiten beschrieben. Zur Grippeprophylaxe hat sich besonders das Schwitzen mit dem Edelkastanienaufguss bewährt:

Edelkastanienaufguss:
Zusammen mit der Saunahitze kann ein wässriger Extrakt aus den Blättern, Früchten und Schalen der Edelkastanie dazu beitragen, dass man über die Haut Körpergifte und Schlacken ausschwitzt und dadurch die Abwehrkraft, die Vitalität und das Wohlbefinden gesteigert wird. Die Sauna ist demnach ideal, um Virusgrippen, Schnupfen, Husten und Heiserkeit vorzubeugen. Ein bis zwei Saunaanwendungen pro Woche genügen. Folgende Regeln sollten dabei beachtet werden:

- nie länger als zehn Minuten in der Hitze bleiben
- nach der Sauna 10–15 Minuten ruhen
- vor dem Saunagang kalt duschen, um den Kreislauf anzuregen
- gut abtrocknen, bevor man in die Sauna geht
- bei akuten Erkankungen keine Saunaanwendung, da der Körper durch zusätzliche Hitze geschwächt wird.

Therapie-Erfolg: Grippe – Wermut-Elixier
Nach einer verschleppten Grippe leidet die Patientin S. A., 40 Jahre alt, an einer Endokarditis mit Gelenkrheumaschmerzen. Auf Penizillin reagiert sie allergisch. Daher Weiterbehandlung mit Erythromycin und Tetracyclinen in hohen Dosen. Erneute Erkältung mit Stirnhöhlenkatarrh und starken Kopfschmerzen, die innerhalb von drei Tagen durch die Behandlung mit Wermut-Olivenöl und einer zusätzlichen Wermutkur rasch verschwanden. Dabei wurde

das Wermut-Olivenöl außer am Brustbein noch über die ganze Stirn verrieben.

Therapie-Erfolg: Stimmlosigkeit – Andornrahmsuppe
Die Patientin nahm zwei Wochen lang wegen Stimmlosigkeit einmal täglich die Andornrahmsuppe zu sich. Die Stimme kam wieder, und als »Zugabe« blieb der Heuschnupfen weg.

Therapie-Erfolg: Grippeprophylaxe – Goldkur
»Ich selbst arbeite bei drei Ärzten. Im Wartezimmer bin ich in unmittelbarer Nähe der wartenden Patienten und bin wochenlang einer besonders hohen Dosis an Grippeviren und Bakterien durch Husten und Schnupfen ausgesetzt. Jedes Jahr bei Herbstbeginn werden die Patienten aufgefordert, vor allem auch durch Reklame im Fernsehen, sich gegen Grippe impfen zu lassen, und sie kommen scharenweise. Leider bekommen sie trotzdem noch die Grippe und müssen teure Medikamente nehmen. Ich selbst mache die Goldkur und bekomme vielleicht mal einen Schnupfen oder eine Erkältung, wofür ich wiederum Hildegard-Kräuter einsetze. Aber abgesehen davon, komme ich beschwerdefrei durch den Winter bzw. das ganze Jahr.
Nebenbei bemerkt: Keiner der drei Ärzte nimmt die Grippe-Impfung wahr.«

Therapie-Erfolg: Virusgrippe – Pelargoniummischpulver
Der Markthändler R. A., 60 Jahre alt, hatte im Winter sechs Wochen lang eine schwere Virusgrippe mit Knochenschmerzen. Alle Glieder und Gelenke taten weh. Nach Einnahme von 1 TL Pelargoniummischpulver dreimal täglich war innerhalb von 2 Tagen alles weg.

Therapie-Erfolg: Bronchitis – Wacholderbeer-Elixier
Die 72-jährige Patientin I.M. leidet schon seit drei Jahren an chronischer Bronchitis mit Auswurf, Verschleimung, Husten und Schatten auf der Lunge. Nach fünfwöchiger Behandlung mit Aderlass und Wacholderbeer-Elixier sind der Husten und die Beschwerden weg, und auf dem Röntgenbild lassen sich keine Schatten mehr auf der Lunge erkennen.

Therapie-Erfolg: Lungenentzündung – Hirschzungen-Elixier
L. J., 18 Jahre alt, erkrankte an starker Bronchitis mit hohem Fieber bis 40° C, und es entwickelte sich eine Lungenentzündung, so die Diagnose des Hausarztes. Auf Anordnung des Arztes musste der Patient Penizillin einnehmen. Jedoch traten durch die Einnahme von Penizillin erhebliche Nebenwirkungen auf, so dass die Mutter es nach drei Tagen auf eigene Verantwortung absetzte. Nach Rücksprache mit einer Hildegard-Praxis nahm der Patient ca. vier Wochen lang Hirschzungen-Elixier ein. In der dritten Woche besserte sich der Zustand des Patienten. Nach vier Wochen konnte er die Schule wieder besuchen. Die Röntgenaufnahme im Krankenhaus (auf Anordnung des Hausarztes) ergab, dass von der Krankheit nichts mehr zu sehen war.

Hämorrhoiden

»Von den Hämorrhoiden. Wenn schlechte, wasserreiche oder dünne Säfte im Menschen überhandgenommen haben und ohne gleichzeitige Entleerung der aufgenommenen Nahrung Blut aus seinem After haben ausfließen lassen, soll man einen derartigen Blutfluss nicht in sich zurückzuhalten versuchen, weil andernfalls dasselbe Blut in noch größeren Schrecken versetzt und in stärkerem Erguss ausfließen wird.«

Hämorrhoidalblutungen, Eingeweideblutungen

Bachbunge oder Bohnensuppe ohne Bohnen
Ganz allgemein hilft die Bohnenbrühe bei Eingeweideblutungen, Darmbluten oder auch Hämorrhoidalblutungen, Nieren- und Blasenblutungen. Man sollte sie über längere Zeit einnehmen, bis die Blutungen aufhören.

Therapie-Erfolg: Hämorrhoidalblutungen – Bachbunge
L. J., 58 Jahre alt:
»Wegen schwerer chronischer Hämorrhoiden sollte ich mich eines operativen Eingriffs unterziehen. Einer Krankenhauseinweisung kam ich nicht nach und fuhr Ende April nach Niederbayern ins Rottal-Thermalbad Griesbach, wo ich nach der Bachbunge suchte. Am 15.5.94 fand ich sie in einem schwer zugänglichen Tal ohne Umweltver-

giftung. Ich nahm sie als Gemüsesuppe zubereitet zu mir. Bereits nach drei Tagen konnte ich ins Thermalbad gehen, weil die nach außen gewachsenen Hämorrhoidengeschwüre verschwanden. Nach dreiwöchiger Einnahme von Bachbungensuppe bin ich von diesen lästigen Beschwerden befreit.«

Blutfluss, Blutstuhl, Bluturin, Eingeweideblutungen

Blutwurz-Brombeer-Wein: 1 EL Brombeerblätter, zu Saft gepresst, 2 EL Blutwurzblätter, zu Saft gepresst, in 250 ml Wein geben, jeweils 1 Likörglas während und nach dem Essen zu sich nehmen.

Anstelle von Brombeerblättern und Blutwurzblättern haben auch bereits 25 ml Brombeersaft und 50 ml Blutwurz-Urtinktur (Tormentilla Urtinktur) in 250 ml Wein geholfen, wobei jeweils 1 TL während und nach dem Essen genommen werden.

Therapie-Erfolg: Blutungen im Auge – Blutwurz-Elixier
Die Patientin P. R, hat acht Tage nach Einnahme von Blutwurz-Elixier einen Blutungsrückgang erlebt. Das Auge wurde wieder klar.

Therapie-Erfolg: Darmbluten – bohnenlose Bohnensuppe
Eine Patientin berichtet:
»Mein Mann hatte acht Jahre lang Darmbluten. Nach dem Einsatz von bohnenloser Bohnensuppe mit Dinkelgrieß, ca. ein Jahr lang, ist der Darm wieder in Ordnung. Auch der behandelnde Arzt hat diese Behandlung anerkannt, da während dieser Zeit keine Medikamente genommen wurden.«

Hautprobleme

Hauterkrankungen durch Ernährungsfehler

»Bei solchen Leuten, die gesund und robust gebaut und deren Sehnen kräftig sind, die aber zum Trunk neigen und eifrig auf den Genuss von Fleisch und anderen wohlschmeckenden Speisen und Getränken bedacht sind, nimmt das Blut eine wachsähnliche Färbung an und dickt weiterhin ein. Weil das Blut wegen seiner dicken Beschaffenheit seinen rechten Weg nicht haben kann, auch nicht durch Fieberanfälle oder Körperschwäche solcher Leute, eben weil sie gesund sind, verdünnt wird, durchdringt es ihr Fleisch und ihre Haut, tränkt diese mit einem schädlichen Saft, verschmutzt sie sozusagen und erfüllt sie mit Geschwüren.«

Hauterkrankungen chronisches Ekzem, Neurodermitis, Allergien, Lebensmittelallergien

Unter den von der Klinik als praktisch unheilbar bezeichneten Patienten – Erfolge mit Cortison gelten nicht als Heilung – finden sich auffallend viele Hautkranke, vor allem mit Ekzemen, Allergien und Neurodermitis. Bei letzterer werden mit einer Diät gewisse Erfolge erzielt, aber nur mit »Verzicht und Konsequenz« (Dr. Geissler). Leider muss man auch für jeden Einzelnen eine individuelle Diät erarbeiten. Die Dinkeldiät-Standardbehandlung geht von anderen Gesichtspunkten aus und hat bei konsequenter Durchführung bisher immer zur vollen Remission geführt.

Die Heilung erfolgt vermutlich, je nach psychischer Reaktionslage, innerhalb von ein bis sechs Monaten. Eine Dinkeldiät ist zeitlebens ratsam. Kartoffeln und Nachtschattengewächse sollten weitgehend gemieden werden. Milchprodukte sind nur anfangs kritisch und zu meiden. Diese Diät gilt im wesentlichen auch für Allergiker und Ekzematiker, wobei allerdings noch einige wenige zusätzliche Medikationen verordnet werden:

Dinkelkur: Basis-Diät
Morgens: Dinkelhabermus, -kaffee
Mittags: Dinkelreis, Dinkelkernotto, -nudeln, -spätzle, -grießsuppe mit Gemüse, Kopfsalat mit Dinkelkörnern
Abends: Dinkelbrot

- Alle Weizenprodukte durch Dinkel ersetzen
- Gegen Juckreiz: Speisemohn, Leinsamenkompressen
- Flohsamenwein: Die Quell- und Schleimstoffe nehmen im Magen und Darm allergieauslösende Stoffe auf und sorgen für deren Ausscheidung
- Rote-Beete-Salat mit Dinkelmehlsoße und Quendel
- Salz und Gewürze in vernünftigen Mengen
- Absetzen von Cortison, Antibiotika und überflüssigen Arzneimitteln
- Vermeidung von Schweinefleisch einschließlich Wurst

Geschwulst, frische Schwellungen, Tennisellbogen, Warzen

Amethyst:
Der Amethyst wird mit Speichel befeuchtet und die Hautpartie damit mehrmals täglich massiert. Bei Prellungen und Blutergüssen gehen Spannungen und Schmerzen rasch zurück. Auch bei Warzen ist ein Versuch sehr ratsam. Oft verschwinden die Warzen narbenlos. Bei Schleimbeutelschwellungen an den Gelenken wird zusätzlich die Wermutsalbe im Wechsel mit der Amethystbehandlung angewendet. Besonders beeindruckend ist das Verschwinden von Überbeinen durch die Amethystbehandlung. Hier wird das Überbein zusätzlich mit Veilchencreme einmassiert.

Krebsgeschwüre, Lymphdrüsenschwellungen, Mastopathie, Myome, Behandlung von Operationsnarben, Universal-Hautcreme

Veilchencreme: 20 ml Veilchenblätter und -blütensaft, 10 ml Olivenöl, 30 g Ziegenfett

Zutaten vorsichtig zum Sieden bringen, wässrige Schicht abtrennen und zu Salbe verarbeiten. Die betroffenen Stellen damit einreiben.

Hygrom, Fibrom, Lipom, Ganglion (Überbein)

Veilchenöl: 1 EL Veilchenblüten und -blätter, 500 ml Oliven- oder Fenchelöl

Blüten und Blätter in Öl entweder 10 Tage in der Sonne stehen lassen oder vorsichtig erhitzen und dann absieben. Abends die Augenlider damit befeuchten. Neben der Anwendung bei Tumoren des Nervensystems kann man Veilchenöl auch bei Sehstörungen und Augentrübungen anwenden.

Große Hautkur, Ekzeme, hartnäckige Hautausschläge, Flechten

Buchsbaumsaft: 1 ml Buchsbaumsaft, 70 ml Rosenlakritzsaft, 250 ml Wein

Saft und Rosenlakritz mit Wein erhitzen. Davon dreimal täglich 1 Likörglas vor dem Essen trinken.

Um das Ekzem von innen nach außen auszuheilen, wird zunächst eine innere Einnahme von Buchsbaumsaft mit Rosenlakritzsaft empfohlen. 8 Tage nach der inneren Behandlung beginnt die eigentliche Hauttherapie mit einer Mischung aus Buchsbaumsaft und Olivenöl. Mit dieser Kombination wird die innere »Unreinheit« nach außen getrieben.

Buchsbaumsaft-Olivenöl: 10 ml Buchsbaumsaft, 4 ml Olivenöl

Mit der Mischung aus Buchsbaumsaft und Olivenöl werden die Hautausschläge vorsichtig abgetupft und verbunden. Dreimal täglich wiederholen.

Abszesse, Eiterungen, Nagelbettvereiterungen, Brustdrüsenentzündungen, Furunkel, infizierte Lymphdrüsenschwellungen, Herpes zoster

Eisenkrautkompresse: 1 EL Eisenkraut, 250 ml Wasser

Das Eisenkraut, eventuell in einem Mullsäckchen, etwa 3 Minuten in Wasser aufkochen. Das warme Kraut in einer sterilen Mullbinde mindestens 1 Stunde lang als Kompresse auf die Wunde legen. Nach Eintrocknen der Kompresse zweibis dreimal täglich erneuern. Durch die Eisenkrautbehandlung heilen Schmerzen, Entzündungen und Hautinfektionen ziemlich rasch ab, sogar schmerzhafte Herpesbläschen konnten nach zehn Tagen wieder zum Verschwinden gebracht werden. Die Kompresse bleibt so lange auf der Wunde, bis sie trocken ist, und kann danach sofort wieder gewechselt werden.

Wunden, Verletzungen, Operationen, Schutz vor Strahlenschäden

Schafgarbentee: 1 EL Schafgarbenblätter, 3 Msp. Schafgarbenblätterpulver, 250 ml Wasser

Schafgarbenblätter und -pulver ca. 3 Minuten in kochend heißem Wasser ziehen lassen, absieben und schluckweise trinken.

Die Schafgarbe ist das beste Wundheilmittel der Hildegard-Medizin und wird innerlich als Schafgarbentee, verstärkt mit 3 Msp. Schafgarbenblätterpulver, genommen. Bei Operationen hat es sich bewährt, 3 Tage vor der Operation und 10 Tage danach diesen Tee zu trinken, um Wundinfektionen zu vermeiden. Die Wunden heilen nach der Operation innerhalb von zehn Tagen komplikationslos.

Schafgarbenkompresse: 1 EL Schafgarbenblätter, 250 ml Wasser

Blätter in Wasser aufkochen und feucht über einen Wundverband direkt auf die Wunde binden. Sobald der Verband trocken ist, erneuern.

Beginnt die Wunde zu heilen, kann man die Schafgarbenblätter direkt auf die Wunde binden. Mit dieser Methode heilen auch die schlimmsten Wunden. Selbst antibiotika-resistente Keime lassen sich so beseitigen. Sie hilft auch in sogenannten hoffnungslosen Fällen, wie z. B. bei einer Patientin, die nach einer Beinamputation sieben Wochen lang in einer Universitätsklinik ergebnislos mit den verschiedensten Antiobiotika behandelt worden war. Die Wunde heilte nach der Schafgarbenbehandlung innerhalb von zehn Tagen.

Hautausschläge, juckende Allergien, Krätze

Maulbeerblätterkompresse: 1 Handvoll Maulbeerblätter, 250 ml Wasser

Die Maulbeerblätter werden in Wasser 3 Minuten kräftig ausgekocht und abgesiebt. Mit diesem Maulbeerblätterwasser die juckenden Hautstellen waschen. Man kann auch feuchte, warme Maulbeerblätterkompressen 1 Stunde lang auf die Wunde binden und nach dem Trocknen wieder erneuern. Der Maulbeerblättertee kann ebenso auf heißen Saunasteinen zum Verdampfen gebracht und inhaliert werden.

Schuppenflechte, Hautinfektionen, Hautpilz, Candida albicans, Nagelbettvereiterungen, Nagelbettmykose

Myrtenöl (Melaleukaöl):

Hildegard nennt für die Behandlung der Schuppenflechte die Myrte. Wir verwenden die australische Myrtenart Melaleuka alternifolia, die ein ätherisches Öl liefert, das sehr wirksam gegen Bakterien, Viren und Pilze ist. Da das Öl sehr haut- und schleimhautverträglich ist, kann man es pur auf die Schuppen der Psoriasis auftragen. Bei Rötung der Haut, was eine Allergie anzeigt, sollte das Öl nicht verwendet werden. Erstaunlicherweise lösen sich nach kurzer Zeit die Hautschuppen ab, und eine Wundheilung beginnt. Melaleukaöl ist auch in der Lage, Eiterherde unter der Haut zum

Verschwinden zu bringen. Daher kann man es pur auf Akne und Pickel auftragen. Eine Verdünnung von 1:60 reicht aus, um die Eitererreger Staphylococcus aureus innerhalb von fünf Minuten abzutöten. Auch bei anderen Herpesarten hat sich Melaleukaöl bewährt, z.B. bei Lippenherpes oder bei Herpes genitales, wofür man das Öl in Veilchencreme einarbeiten kann: 1 ml Melaleukaöl auf 100 g Veilchencreme, einmal täglich anwenden.

Nässende Ekzeme, wunde, rissige Haut, Wundheilungsstörungen, auch bei Verbrennungen

Leinsamenkompresse: 3 EL Leinsamen, 1 l Wasser

Leinsamen in Wasser 3 Minuten kochen und den gequollenen Brei durch ein Leinensieb drücken. Die Leinsamenkompresse wird warm und feucht mindestens 1 Stunde lang auf die Wunde gelegt, und wenn sie getrocknet ist, erneuert. Bei Bedarf dreimal täglich wiederholen, bis die Wundheilung einsetzt. Auch bei schwersten Verbrennungen saugt diese Kompresse die verbrannten Hautstücke auf, wodurch eine saubere Wunde entsteht und innerhalb von zehn Tagen eine Wundheilung erfolgen kann. In vielen Fällen kam es zu einer narbenlosen Verheilung der Haut, viel eleganter als nach einer Hauttransplantation.

Juckreiz

Mohnkörnerkur:

1–3 EL Mohnkörner werden täglich ins Essen gestreut, mit Apfelkompott oder mit Mohnkuchen gegessen. Die Inhaltsstoffe des Speisemohns beruhigen die aufgekratzte Haut und sorgen dafür, dass der Juckreiz verschwindet.

Allergien, Ekzeme, Juckreiz

Flohsamenwein: 3 EL Flohsamen, 1 l Wein

Samen und Wein werden 3 Minuten aufgekocht und durch einen groben Filter gesiebt. Die farblose Flüssigkeit füllt man ab und nimmt davon dreimal täglich 1 Likörglas vor dem Essen ein. Der Flohwein nimmt den Juckreiz und resorbiert bereits im Darm Giftstoffe und Allergene, die das Hautekzem auslösen können. Auch bei inneren Wunden, z. B. einer entzündeten Speiseröhre, hat sich der Flohwein zur Wundheilung und zur Beseitigung des Brenngefühls bewährt.

Allergie, Lebensmittelallergie, Käseunverträglichkeit

Mutterkümmel:

1–3 Msp. auf Käsebrot, über 1 Ei oder anderes unverträgliches Eiweiß streuen. Durch die Verwendung von Mutterkümmel verschwindet die Überempfindlichkeit gegen Eiweiß.

Hautausschläge, Ekzeme, Akne, Geschwüre, infizierte Hautausschläge

Quendel:

Quendel ist das klassische Hautgewürz, das bei keiner Kur fehlen darf. Es sorgt für eine gute Durchblutung der Haut, wobei man jedem Essen 1–3 Msp. zufügt, in Fleischgerichten und bei Gemüse mitkocht. Besonders hat es sich bei Hautausschlägen bewährt, wenn man 1–3 Msp. Quendel in einer Dinkelmehlschwitze mitkocht und, mit Rote Beete gekocht, zwei- bis dreimal wöchentlich ißt.

Kontaktdermatitis, allergisches Ekzem, Warzen, Feigwarzen, bakterielles Ekzem

Schöllkrautsalbe: 10 ml Schöllkrautsaft-Urtinktur, 100 g Schweinefett

Der Schöllkrautsaft wird mit dem Schweinefett kurz erwärmt und zu Salbe verarbeitet. Mit dieser Salbe die rissige Haut ein- bis dreimal täglich massieren.

Wundheilungsstörungen (Desinfektion)

Die natürliche Wundheilung dauert normalerweise zehn Tage, wenn sie nicht durch Infektionen, Schmutz oder chemische Arzneimittel gestört wird. Es gibt kein Mittel, um diese Zeit zu verkürzen, wohl aber hochwirksame Hildegard-Wundheilungsmaßnahmen, um eine gestörte Wundheilung zu bekämpfen.

Weingeist-Oliven-Rosenöl: 100 ml Weingeist (Alkohol 70-prozentig), 30 ml Olivenöl, 0,5 ml Rosenöl

Alle Zutaten verschütteln. Die Wunde wird mit dem Wein-Öl-Gemisch desinfiziert und eine Mullkompresse, mit dem gleichen Gemisch getränkt, auf die Wunde gebunden. Bei großen Wunden erwärmt man das Wein-Öl-Gemisch und macht einen warmen Verband. Zwei- bis dreimal täglich erneuern, über einen Zeitraum von 1 Woche anlegen.

Therapie-Erfolg: Neurodermitis – Leinsamen, Flohsamen
Die junge Schülerin litt schon als Baby an Milchschorf. Mit fünf Jahren war der ganze Körper mit einem juckenden Hautausschlag überzogen. Nun kam sie als 16-jährige Schülerin mit verbundenen Armen in die Praxis. Die Haut an beiden Händen war aufgesprungen, nässte und juckte fürchterlich. In den Armbeugen, an der Stirn und am

Bauch war die Haut knallrot und juckte.
Die Behandlung wurde mit einem achttägigen Hildegard-Fasten mit Dinkelgrießsuppe und viel Gemüse begonnen. Die Hände wurden mit Leinsamenkompressen täglich einmal eine Stunde lang eingebunden, und zur innerlichen Behandlung wurde dreimal täglich 1 Likörglas Flohsamenwein verabreicht. Bereits nach einer Woche war der Juckreiz verschwunden. Nach zwei Wochen kam die Schülerin zum Hildegardischen Aderlass in die Praxis. Das Ekzem am Körper war vollständig verschwunden, die Haut am Handrücken war geschlossen und juckte nicht mehr. Der Aderlass und die Veilchencreme auf der vernarbten Haut sorgten für eine vollständige Regenierung der Haut.

Therapie-Erfolg: Psoriasis – Maulbeerblätter
Der 64-jährige Kaufmann F. R. leidet seit 1975 an einer Netzhautablösung der Augen sowie seit zehn Jahren an Psoriasis an beiden Händen. Bei Stress und Aufregung verschlimmert sich dieses Leiden, so dass er den Kunden kaum noch die Hand geben kann.
Nach einer Darmsanierung mit der Bärwurzbirnhonigkur wegen Candida und einer Aderlasstherapie sowie vor allem aufgrund von Maulbeerblätterbädern oder -packungen konnte uns der Patient bereits nach zwei Monaten die völlige Abheilung der linken Hand und die fast völlige Abheilung der rechten Hand bestätigen. Auch hatte sich der Gesamtzustand und die Stimmung erheblich gebessert und die Sehschärfe des rechten Auges (mit der Netzhautablösung) war fast hundertprozentig zurückgebildet. Die sporadisch auftretenden Augendruckschmerzen waren völlig abgeklungen.

Therapie-Erfolg: Akne – Aderlass, Darmsanierung
Der 28-jährige Zimmermann V. M. leidet seit ca. zehn Jahren an einer schweren Akne, besonders am Rücken. Ein

Jahr lang wurde er vom Hautarzt erfolglos behandelt. Die Nebenwirkungen lösten eine starke Lichtempfindlichkeit, Nageldystrophie und trockene Haut mit Pigmentstörungen aus. Außerdem war die gesamte Darmflora geschädigt.
Nach Darmsanierung und Aderlass verschwand die Akne vollständig innerhalb von drei Monaten Therapiezeit und Umstellung auf Dinkelkost.

Therapie-Erfolg: Neurodermitis – Dinkelkost
Das neun Monate alte Baby B. K. leidet an einem Hautausschlag, der den ganzen Körper wie einen Streuselkuchen überzieht. Nach fünfmonatiger Dinkelkost und Einmassieren mit Olivenöl-Rosenöl verschwindet das Ekzem. Wenn die Mutter aufgeregt oder gestresst ist und sich ihre Stimmung auf das Kind überträgt, flackert das Ekzem wieder auf, beruhigt sich aber unter der Therapie erneut.

Therapie-Erfolg: Furunkulose – Eisenkrautkompressen
Der 22-jährige Patient B. A. erhielt nach einer septischen Beinamputation eine Furunkulose. Der Schweißdrüsenabszess wurde mehrmals erfolglos operiert. Durch Weizenmehl, Pfirsiche und Erdbeeren verschlimmerte sich die Furunkulose. Nach Aderlass, Darmsanierung und Bärwurzbirnhonig sowie Sanierung des Abszesses mit Eisenkrautkompressen heilte die Furunkulose restlos aus.

Therapie-Erfolg: Abszesse – Aderlass, Schröpfen, Dinkelkost
»Ich hatte viele Jahre unreine Haut. Am ganzen Körper entwickelten sich Abszesse und Furunkel, so dass ich immer mit Eiter und Schmerzen geplagt war. Es war äußerst unangenehm, da ich öfter den Arzt aufsuchen musste. Mit einem Skalpell öffnete er die Abszesse, damit der Eiter austreten konnte. Anschließend hatte ich oft zwei Wochen

lang einen Verband, weil die Wunden einfach nicht ausheilen wollten. War endlich eine Entzündung behoben, so ging es an einer anderen Stelle los. Mein Hausarzt, Internist, verordnete mir Penizillin. Der Zustand wäre eine verspätete Phase der Pubertät. Als ich zur Vorsorgeuntersuchung einen Gynäkologen aufsuchte, riet er mir zu einer Hormonbehandlung. Mit einem Verhütungsmittel, das ich in diesem Fall als Medikament einnehmen sollte, wollte man die Hautprobleme beheben. Diesen Vorschlag lehnte ich strikt ab und schluckte das Medikament nicht.

Eine Bekannte erzählte von der Hildegard-Medizin und gab mir ein Buch zum Lesen. Ich beschäftigte mich immer mehr mit dieser für mich neuen Naturmedizin und bat St. Hildegard, mir zu helfen. Durch Gottes gütige Führung kam ich nach Allensbach und durfte die Hildegard-Medizin kennen lernen. Nach zweimaligem Schröpfen (August und November 1993) und einem Aderlass (November 1993) wurden meine Beschwerden sichtbar und spürbar besser. Ich machte eine Kur mit Wermut-Elixier, ließ alle Küchengifte weg und kochte mir täglich das wohlschmeckende Habermus, in dem ich Quendel, Galgant und Bertram mitkochte.

Nach wenigen Wochen ging es mir ganz gut. Ich kann dem lieben Gott nur noch danken und mich freuen über diese himmlische Medizin, die der hl. Hildegard geoffenbart wurde.

Die gesamte Haut beruhigte sich. Es gab keine neuen Entzündungen und Eiterungen mehr. Meine Rückenschmerzen waren verschwunden und während der Periode geht es mir seither wesentlich besser. Auch treten die nächtlichen Beinkrämpfe überhaupt nicht mehr auf. Mein allgemeiner Zustand ist viel gelassener und ausgeglichener.«

Herz-Kreislauf-Erkrankungen

Das Herz ist der Sitz der Seele

»So wohnt auch die Seele im Herzen wie in einem Hause und lässt wie durch eine Tür desselben die Gedanken aus- und eingehen, betrachtet sie wie durchs Fenster und führt ihre Kräfte wie von einem angezündeten Feuer zum Gehirn wie zu einem Schornstein hinüber, damit es sie dort prüfe und voneinander sondere. Wenn nämlich der Mensch keine Gedanken hätte, dann hätte er auch kein Wissen, sondern wäre wie ein Haus, das weder eine Tür noch Fenster noch einen Schornstein hat. Die Gedanken aber sind die Urheber des Wissens von Gut und Böse und die Ordner aller Dinge, und dies nennt man: Gedanken. Die Gedanken sind die Urheber der Güte, der Weisheit, der Torheit und ähnlicher Dinge, wie ja auch schlechte Gedanken aus dem Herzen hervorgehen, und das ist die Tür. Weiterhin führt vom Herzen aus ein Weg zu den Elementen, mit denen der Mensch verrichtet, was er denkt. Die Kräfte der Gedanken steigen zum Gehirn auf, und das Gehirn hält sie fest, weil das Gehirn die Feuchtigkeit für den ganzen Körper ist, ebenso wie der Tau alles befeuchtet. Erheben sich aber in einem Menschen schlechte und übelriechende Säfte, dann senden diese eine Art von schädlichem Rauch zum Gehirn.«

Schlechte Säfte entstehen aber auch durch Diätfehler, falsches Essen oder Küchengifte. Besonders die Rohkost wird in der Hildegard-Medizin vermieden, denn:

> »Wird aber der Magen durch verschiedene schädliche Speisen gereizt und die Blase durch allerlei schädliche Getränke geschwächt, dann bringen beide den Eingeweiden schlechte Säfte und senden dabei einen üblen Rauch zur Milz. Die Milz wird aber dadurch aufgebläht, schwillt an und wird wund, macht durch ihre Schwellung und Schmerz auch das Herz schmerzhaft und lässt um dasselbe Schleim auftreten. Noch aber ist das Herz kräftig und leistet diesem Schmerzgefühl Widerstand.«

Die eigentlichen Herzschäden entstehen, wenn sich die schlechten Säfte mit der so genannten Schwarzgalle (der Gallensäure und dem Gallenfarbstoff), die in der Leber entsteht, vermischen und das Herz schädigen:

> »Haben aber die vorher erwähnten Säfte in den Eingeweiden und in der Milz des Menschen überhand genommen und auch dem Herzen viel Ungemach gebracht, dann wenden sie sich zur Schwarzgalle zurück und vermischen sich mit ihr. Hierdurch erregt, erhebt sich die Schwarzgalle unwillig gemeinsam mit den Säften, steigt mit einem schwarzen, schlechten Rauch zum Herzen auf, und ermüdet dies durch zahlreiche und ganz plötzlich auftretende Heimsuchungen. Daher nehmen solche Menschen, traurig und mürrisch gestimmt, nur wenig Nahrung und wenig Getränk zu sich, so dass sie am Körper abnehmen und sich manchmal kaum noch in ihrem Körper aufrecht halten. Auch leiden sie an vielem Aufstoßen.«

Große Herzkur bei organischen Herzleiden, Herzkrankheit, Herzschmerzen, Nachkur nach Herzinfarkt

Griechenkleepillen (als homöopathisches Arzneimittel zugelassen):

Dreimal täglich 3 Tabletten vor und nach dem Essen mit 1 Msp. Bohnenmehl einnehmen. Anschließend jeweils 1 Likörglas Fencheltrank trinken.

Die Herzpillen sind das beste und stärkste Herzmittel und führen zu einer Kräftigung des Herzmuskels und zu einer besseren Durchblutung.

Fencheltrank (Herzsaft): 50 g Fenchelkörner, 10 g Süßholzpulver, 20 g Zucker, 25 g abgeschäumter Honig, 500 ml Wasser

Alle Zutaten werden miteinander gemischt, 5 Minuten in Wasser aufgekocht und steril abgefüllt. Fencheltrank neutralisiert die schlechten Fehlsäfte, die das Herzleiden auslösen.

Griechenkleepulvermischung (Herzpulver): 60 g weißer Pfeffer, 20 g Mutterkümmelpulver, 10 g Griechenkleesamenpulver

Dreimal täglich 1–3 Msp. auf Brot streuen und nach den Mahlzeiten essen.

Patienten mit einem Herzdefekt bekommen nach der Einnahme von Mutterkümmel manchmal Herzschmerzen. Für diese Patienten ist die Große Herzkur nicht geeignet. Sie sollten dann nur die »Kleine Herzkur« durchführen.

Kleine Herzkur, Universal-Herzmittel

Petersilientrank: 10 Petersilienstengel, 2 EL Weinessig, 80–150 g Honig, 1 l Kabinettwein

Die Petersilie und der Wein werden 5 Minuten lang aufgekocht, anschließend gibt man Honig und den Weinessig hinzu und kocht das Ganze nochmals 5 Minuten. Es muss gekocht werden, denn nur in der Siedehitze entsteht aus der Petersilie und dem Honig die wirksame Herzglykosidverbindung. Bei Diabetikern nimmt man nur 80 g Honig pro Liter. Der »Herzwein« wird abgeschäumt, abgesiebt und in sterile Flaschen abgefüllt.

Dreimal täglich 1 Likörglas nach dem Essen einnehmen.

Der »Herzwein« kann noch verstärkt werden, z.B. indem man eine Petersilienwurzel mitkocht. Durch diese Version erreicht man eine stärkere Entwässerung.

Petersilientrank forte:
Zusätzlich kann man zum Petersilientrank noch 25–30 Weißdorntropfen Crataegus-Urtinktur hinzugeben, wodurch eine stärkere Durchblutung des Herzmuskels und eine Kräftigung des Herzens erreicht wird. Mit diesem Wein verschwinden zuverlässig die funktionellen Herzschmerzen, also diejenigen, die man im EKG nicht finden kann und bei denen trotzdem das Herz weh tut. Bei der »Kleinen Herzkur« lässt man über längere Zeit nach dem Essen jeweils 1 Tablette Fenchelgalgant langsam auf der Zunge zergehen und nimmt anschließend 1 Likörglas Petersilientrank mit Weißdorntropfen zu sich. Das Mittel eignet sich vorzüglich auch zur Blutdruckregulation, d.h. niedriger Blutdruck wird erhöht, hoher Blutdruck wird sanft gesenkt.

Rechtzeitig angewandt, kann der Petersilientrank vorzeitige Herzleiden verhindern und beginnende Herzbeschwerden völlig ausheilen. Es handelt sich bei diesem Mittel um ein echtes Basismittel.

Der Petersilientrank hat sich auch bei rheumatischen Herzbeschwerden oder Herzschwäche bei Grippeerkrankungen bewährt. Bei jeder Herzschwäche, besonders im Alter, sollte vor jeder Digitalisierung zunächst ein Versuch mit Petersilientrank gemacht werden, da er die Chemie meist überflüssig macht. Auch bei der Rehabilitation von Herzinfarkten beseitigt der Petersilientrank verbliebene Herzschmerzen.

Herzschmerzen, Angina pectoris, Nachbehandlung des Herzinfarktes, Gastrokardialer Symptomenkomplex, Durchblutungsstörungen, Erschöpfungs- und Schwächezustände

Galgant:

Durch die Anwendung der Hildegard-Medizin in der ärztlichen Praxis wurde der Galgant als zuverlässiges Arzneimittel für die Herztherapie in den letzten 20 Jahren neu entdeckt. Dabei wirkt die Einnahme von Galgant aufgrund seiner Wirkstoffkombination aus Bioflavonoiden, Scharfstoffen und ätherischen Ölen immer auf den gesamten Organismus im Sinne der ganzheitlichen Medizin. Galgant ist das erste gesetzlich anerkannte Fertigarzneimittel der Hildegard-Medizin.

Galganttabletten:

1 Tablette Galgant (0,1 g) bei Bedarf langsam auf der Zunge zergehen lassen. Wenige Minuten nach der Einnahme von Galganttabletten entspannt sich das Gesicht, der mitunter schockartig bedrohliche Zustand beruhigt sich, und die Herzschmerzen sind verschwunden.

Zur Verstärkung der Wirkung kann man nach Einnahme der Tablette noch 1 Likörglas Petersilientrank zu sich nehmen. Sind die Herzschmerzen nicht vollständig verschwunden, kann man nach 5 Minuten diese Anwendung wiederholen und noch einmal nach weiteren 5 Minuten. Sind die Herzschmerzen dann immer noch nicht verschwunden, handelt es sich vermutlich um einen Herzinfarkt, und der Patient muss notfalls ärztlich versorgt werden. Selbst bei Vorliegen eines Herzinfarktes hat der Patient durch den Galgant einen Schutz und wird mit hoher Wahrscheinlichkeit den Herzinfarkt überstehen.

Fenchelgalganttabletten: 0,1 g Galgantwurzelpulver und 0,1 g Fenchelpulver verpresst

Dreimal täglich 1 Tablette nach dem Essen auf der Zunge zergehen lassen. Bei gastrokardialen Schmerzen (Roemheld-Syndrom) hat sich eine Kombination von Fenchel und Galgant in der sogenannten Fenchelgalganttablette besonders bewährt, da durch den Fenchel eine Verstärkung der krampflösenden Wirkung eintritt. Auch hier ist die Wirkung verblüffend. Bereits nach wenigen Minuten muss der Patient aufstoßen oder die Gase entweichen auf anderem Wege, und der ganze Druck im Oberbauch ist verschwunden. Galgant muss man langsam auf der Zunge zergehen lassen. Die Wirkung ist sehr zuverlässig. Es gibt dabei keinen Gewöhnungseffekt.

Herzdauerschmerz, Intensivschmerz, Todesangst, kaschierter Herzinfarkt

Enzianwurzelpulver:

1–2 Msp. Enzianwurzelpulver in die Mitte einer Dinkelgrießsuppe streuen und vor dem Essen auslöffeln. Solange die Beschwerden anhalten, einmal täglich anwenden.

Enzian selbst ist ein reines Amarum. d. h. ein Mittel, das in der Lage ist, bei einer Gastritis die Magenschleimhaut anzuregen, ohne zuviel Magensäure zu produzieren. Das liegt daran, dass Enzian nur Bitterstoffe enthält, und keine Gerbstoffe, es kommt zu keinem Magenreiz. Die Bitterstoffe des Enzians wirken:

- appetitanregend, atonisierend
- als Universalmittel gegen Magen-Darm-Störungen
- bei Gastritis
- verdauungsfördernd
- karminativ
- schmerzlindernd
- entzündungshemmend

Wir haben es also bei Enzian mit einem anregenden Mittel für Magen und Herz zu tun.

Arteriosklerose, Koronarsklerose, erhöhter Cholesterinspiegel

Diptamwurzelpulver:
1–3 Msp. Diptampulver über das Essen streuen. Diptam ist äußerst wirksam bei einer Verkalkung der Gefäße, d.h. bei Arteriosklerose der Herzkranzgefäße. Wir verwenden den Diptam als »Röhrenputzer«, da er in der Lage ist, Ablagerungen wieder aus den Gefäßen zu entfernen. Bei allen Patienten mit einem erhöhten Cholesterinspiegel hat sich die regelmäßige Anwendung des Diptams zur Verhütung der Arteriosklerose bewährt.

Universalheilmittel, Angina pectoris, Infarktpatienten, Thrombosen, Bluthochdruck

Fenchelmischpulver (»Sivesan«): 16 g Fenchelpulver, 8 g Galgantwurzelpulver, 4 g Diptamkrautpulver, 2 g Habichtskrautpulver

Alles miteinander mischen, 1–3 Msp. in 1 Likörglas warmen Wein, z.B. Petersilientrank, geben und nach dem Mittagessen trinken.

Fenchelmischpulver trägt nicht nur zur Verbesserung von Stoffwechsel- und Kreislaufbeschwerden bei, sondern ist auch ein ideales Mittel für die Verbesserung der Verdauung. Es hat sich auch zur Rekonvaleszenz nach Krankheiten und Operationen bewährt.

Edelsteine in der Herztherapie

Bergkristall

Herzrasen, Kropfherz, Giftkropf, Herzrhythmusstörungen

»... Wer aber im Herzen oder im Magen-Darm oder im Bauch (Schmerzen) leidet, der erwärme einen Bergkristall in der Sonne, und wenn er warm geworden, dann gieße er Wasser darüber, und hernach lege er den Stein für eine Stunde in dieses Wasser selbst und nehme ihn hernach wieder heraus. Dieses Wasser soll er oft trinken, und es wird im Herzen oder im Magen-Darm oder im Bauch besser.«

Es handelt sich hier um den Einsatz des Bergkristalls gegen Schilddrüsenstörungen, egal ob es sich um eine Über- oder Unterfunktion handelt. Die häufigste Herzstörung ist die Herzrhythmusstörung, sie reagiert ebenfalls auf den Bergkristall.

Chrysolith

Herzneurose, Angstneurose, Herzhypochondrie, hysterische Herzschmerzen mit Herzklopfen

Chrysolith mit Olivenöl:

> »Wer im Herzen (Schmerzen) leidet, der tauche diesen Stein in Olivenöl und bestreiche mit dem in Öl getauchten Stein die Stelle, wo es weh tut, und es wird ihm besser gehen.«

Der grüne Chrysolith wird in Olivenöl getaucht und dort, wo sich der Herzschmerz bemerkbar macht, einmassiert. Der Stein hat sich besonders zur Beseitigung der Interkostalneuralgie bewährt, also bei Herzschmerzen, die vom Patienten im linken dritten Rippenzwischenraum als Punktschmerz angegeben werden. Dabei deutet der Patient meistens mit dem Zeigefinger der rechten Hand direkt auf den Schmerzpunkt, im Unterschied zu den schweren Herzschmerzen, bei denen der Patient in der Regel mit der ganzen rechten Hand auf das Herz fasst (Schmerzen bei Angina pectoris).

Jaspisscheibe

Herzrhythmusstörungen, Herzrasen, Herzjagen, rheumatische Herzschmerzen, arteriosklerotische Herzschmerzen

Die kalte Jaspisscheibe wird auf die Stelle gedrückt, an der man das Herz am stärksten spürt, bis der Stein warm wird. Dann lässt man den Stein abkühlen und legt ihn erneut auf das Herz, bis die Herzrhythmusstörungen verschwunden sind. Die Wirkung der Jaspisscheibe ist verblüffend und zuverlässig. Herzschmerzen vergehen, und der natürliche Herzrhythmus stellt sich wieder ein.

Der Jaspis wirkt aufgrund seiner eigenen Schwingungen auf das natürliche Schrittmacherzentrum, den Sinusknoten, der die Herzfrequenz steuert. Seelische und körperliche Faktoren beeinflussen die Herzfrequenz und können das Herz aus seinem Rhythmus bringen. Daher steigt die Herzfrequenz bei Aufregung und sinkt beim Gebet oder in einer Meditation.

Die Jaspisscheibe erinnert den Menschen sozusagen daran, auf seinen natürlichen Lebensrhythmus zu hören und seine seelischen Entgleisungen wieder in Ordnung zu bringen. Die schulmedizinische Behandlung von Rhythmusstörungen mit Betablockern, wobei die Seele im wahrsten Sinne des Wortes vom Körper entkoppelt wird und eine psychovegetative Blockade eintritt, nimmt dem Menschen die Chance, seine Emotionen auf natürliche Weise zu regulieren. Die Jaspistherapie ist daher eine echte Alternative zu den Betablockern, die durch den Facharzt in dem Maße, wie die Jaspistherapie hilft, behutsam und langsam abgesetzt werden können.

Der Jaspis dient auch in anderen Fällen der Schmerzbeseitigung, wobei er entweder auf die Schmerzstelle gedrückt oder – z. B. bei der Ischiasbehandlung – 3 Tage und 3 Nächte mit Klebepflaster auf den Wurzelschmerz gebunden wird.

Smaragd

Herzleiden, Herzschwäche, pseudoepileptische Anfälle, Roemheld-Syndrom

Der Smaragd ist unser stärkster Heilstein in der Hildegard-Medizin und kann bei allen Schwächen und Krankheiten eingesetzt werden. Patienten tragen mit großem Erfolg eine

Smaragdkette aus Rohsteinen, die ihnen Stärke und Zuversicht verleihen. Interessant ist der Einsatz des Smaragds beim Tennisspielen, wie ein 67-jähriger Patient selbst berichtet. Aber auch bei der Roemheld-Krankheit hat sich der Smaragd, für 3–4 Tage auf den Nabel gebunden, außerordentlich bewährt und sorgt dafür, dass die Blähungen wieder abgehen und der Patient Erleichterung findet.

Magen-Darm-Schmerzen, Bauchspeicheldrüsenleiden, Milzleiden, Verkrampfungen des vegetativen Nervensystems, Magen-Darm-Koliken, Kopfschmerzen bei Hochdruck vor Schlaganfall, Herzschmerzen, Nebenhöhlenentzündung

Tannencreme:
Die Tannencrememassage beginnt zunächst mit einer Herzmassage und endet mit einer Massage des Sonnengeflechts. Sie hat sich bei Verkrampfungen, besonders bei Störungen des vegetativen Nervensystems, sehr bewährt.

Mit der Tannencreme ein- bis zweimal täglich das Herz und das Sonnengeflecht zwischen Brustbein und Bauchnabel massieren. Bei Kopfschmerzen, besonders bei Bluthochdruck, kann man auch die Schläfen und die Stirn behandeln. Besonders bewährt hat sich die Anwendung der Tannencreme bei stressbedingten Magen-Darm-Beschwerden und auch zur Anregung der Verdauung bei einer Bauchspeicheldrüsenschwäche. Auch bei der Zuckerkrankheit kann die Bauchspeicheldrüse durch die Tannencreme zur Insulinproduktion aktiviert werden. Tannencreme ist frei verkäuflich bei der Fa. Jura erhältlich.

Durch Angina pectoris bedingte Schmerzen, Brustschmerzen

Wermutöl: 10 ml Wermutsaft, 20 ml Olivenöl

Frisch gepressten Wermutsaft und Olivenöl mischen, in einer braunen Arzneimittelflasche 10 Tage lang dem Sonnenlicht aussetzen, absieben und die Schmerzstellen mit einigen Tropfen ein- oder mehrmals täglich, vor allen Dingen vor dem Schlafengehen, einreiben. Das Mittel hat sich außergewöhnlich gut bewährt bei Angina pectoris. Besonders auffallend ist die bessere Durchblutung der Herzkranzgefäße nach Massagen mit Wermutöl.

Arteriosklerose

Die Arteriosklerose ist eine schleichende Krankheit, und es dauert viele Jahre, bis sie ein derart gefährliches Ausmaß erreicht hat, dass mit einem Schlaganfall gerechnet werden muss. Die ersten Anzeichen sind eine allgemeine Müdigkeit, Leistungsverlust und Nachlassen der Konzentration und des Gedächtnisses. Wenn die Verhärtung der Gefäße weiter fortgeschritten ist, treten Verwirrtheit, Orientierungslosigkeit, Depression und ein Verlust der Persönlichkeit ein. Im Endstadium der Arteriosklerose ist der ganze Organismus betroffen, so dass es zu schweren Funktionsstörungen von Leber, Lunge und Nieren kommt.

Hildegard beschreibt die Arteriosklerose als Kettenreaktion, die an den Nieren beginnt, wobei nun die Schlackenstoffe aus dem Körper nicht mehr so gut entfernt werden können und sich in den Gefäßen und im Gewebe ablagern. Aber Hildegard beschreibt nicht nur die Arteriosklerose, sondern gibt uns auch ein vorzügliches vorbeugendes Mittel dagegen, die schon berühmt gewordene Frühlingswermutkur.

Wermuttrank:
Den Wermut bei zunehmendem Mond im Mai oder Juni ernten und den frischen Blättern mit einem Leintuch den Saft auspressen. Diesen Saft (40 ml) in die Siedehitze von 1 l Wein und 150 g Honig gießen und sofort von der Flamme nehmen. Filtrieren und steril abfüllen.

Jeden zweiten Tag 1 Likörglas Wermuttrank vor dem Frühstück einnehmen. Die Wermutkur wird im Frühling durchgeführt und sorgt dafür, dass die Patienten widerstandsfähiger werden. Das Immunsystem wird stabilisiert und ist weniger anfällig für Virusinfektionen, Grippe und Erkältungen.

Besonders wichtig ist der Wermut als Bitterstoff zur Regenerierung der Gefäße und Anregung der inneren Sekretion. Dadurch verhütet man die Ablagerung von Cholesterin und Eiweißschlacken in den Gefäßen – die sogenannte innere Verkalkung – und beugt wirksam der Arteriosklerose vor.

Schlaganfall, Halbseitenlähmung, Arteriosklerose, Kopfdruck durch Bluthochdruck

Diamantenwasser:
Ein Rohdiamant wird 24 Stunden in Wasser gelegt. Mit dem so behandelten Wasser werden alle Speisen und Getränke bereitet. Bei drohendem Schlaganfall kann das Diamantenwasser auch prophylaktisch eingesetzt werden. Nach dem Schlaganfall werden alle Speisen und Getränke mit dem Diamantenwasser zubereitet, wodurch Lähmungserscheinungen schneller beseitigt werden können.

Universalmittel bei Erschöpfung, Wetterfühligkeit, Hypotonie, Kreislaufschwäche

Lattichmischpulver: 10 g Aloepulver, 10 g Myrrhenpulver, 5 g Kampferpulver, 10 g roter Hasenlattich gepulvert, 100 g Dinkelmehl, etwas Wasser, 30 ml Rosentinktur, 70 ml Süßholzsaft (30 Prozent)

Unter Zusatz von etwas Wasser aus dem Pulvergemisch und dem Mehl einen Teig kneten und in der Sonne trocknen lassen. Den trockenen Teig zu Pulver verkrümeln, 1–3 Msp. von diesem Pulver mit $^1/_2$ TL Rosenlakritzsaft (zur Herstellung von Rosenlakritzsaft werden 30 ml Rosentinktur aus *Rosa centifolia* mit 70 ml 30-prozentigem Süßholzsaft vermischt) in eine Tasse warmen Fencheltee geben und ein- bis zweimal täglich vor dem Essen einnehmen.

Achtung! Wir verwenden zur Herstellung dieses Mittels den Hasenlattich oder Waldlattich *(Prenantes purpurea),* wie er in Süddeutschland in den Mischwäldern auffindbar ist. Auf keinen Fall wird der Giftlattich oder Stachellattich verwendet.

Die Wirkung dieses Mittels ist so großartig, dass Hildegard schreibt: »Wenn du gesund und kräftig bist, wirst du erstaunlicherweise noch gesünder und kräftiger, und deine Kraft wird auf diese Weise gefestigt. Und wenn du krank bist, richtet es dich auf wunderbare Weise auf und macht dich stark, wie wenn die Sonne an einem trüben Tage durch die Wolken bricht.«

Herzdiät

Die Hildegard-Diät und die Hildegard-Fasten- und Aufbaukur sind die wirksamsten Methoden zur Vorbeugung von Herzkrankheiten. Übergewicht und eine fettreiche Kost sind riskant. Durch Abnehmen lösen sich viele Probleme. Beim

Hildegard-Fasten normalisieren sich die Triglycerid- und Cholesterinspiegel von ganz allein, wobei die Wände der Blutgefäße entlastet werden und das Herz geschont wird. Da die Fettstoffwechselstörungen bei Herzkrankheiten den Risikofaktor Nummer eins darstellen, werden folgende Regeln zur Beachtung empfohlen:

Vermeiden Sie gesättigte Fette: tierische Fette, Milchprodukte, Schlagsahne, Eiscreme, feste Pflanzenfette wie Kokosnussfett oder Palmin sowie gebratenes Essen wie Pommes frites. Vermeiden Sie zuviel Cholesterin: Eigelb (ein Eigelb enthält 300 mg Cholesterin), die Haut von Geflügel, Hackbraten (Hamburger), Schellfisch, Karpfen, Krabben, Kaviar, Nieren, Gehirn oder Zunge. Auch rotes Rindfleisch ist sehr cholesterinhaltig.

Vermeiden Sie Salz: Nicht mehr als 1 TL Salz (3 g) pro Tag zu sich nehmen. Beachten Sie, dass Käse, Salatsaucen, Brot und andere Lebensmittel sowieso immer stark gesalzen sind. Wir empfehlen daher das Kräuterdinkelbrot, in dem das Salz durch Galgant, Quendel und Bertram ersetzt wurde.

Alkoholische Getränke sollen auf ein Glas Wein oder ein Glas Bier (pro Tag) beschränkt bleiben. Keine hochprozentigen Liköre oder Schnäpse.

Neue wissenschaftliche Ergebnisse bestätigen, was Hildegard schon vor 800 Jahren schrieb: Durch richtiges Essen kann man Herz-Kreislauf-Erkrankungen vermeiden. Einige Fleisch-, Fisch- und Pflanzenarten enthalten schützende Fettsäuren, die die Entwicklung von Arteriosklerose verzögern und dadurch dem Herzinfarkt vorbeugen. Forscher fanden heraus, dass bei den Eskimos in Grönland und bei den Japanern Herz-Kreislauf-Erkrankungen außerordentlich selten sind und der Herzinfarkt eine Ausnahme ist. Diese Völker essen besonders gerne Lachs und Walfisch, die Fettsäuren enthalten, die den hohen Cholesterinspiegel im Blut senken und dadurch Herzattacken verhüten. Die cholesterinsenkenden Fettsäuren befinden sich auch in Frisch-

und Salzwasserfischen wie Barsch, Flunder, Schwertfisch, Stockfisch, Lachs, Hecht und im Walfischfleisch. Die günstigen ungesättigten Fettsäuren findet man darüber hinaus in pflanzlichen Fetten und Ölen, zum Beispiel in Sonnenblumenöl und Maiskeimöl.

Therapie-Erfolg: Herzinsuffizienz – Galgant
»Ich kann Ihnen versichern, dass es mir besser geht als zuvor, d. h., die Einnahme der Galganttabletten hat sich bei mir positiv ausgewirkt. Ich bin nicht nur leistungsfähiger geworden, mein ganzes Befinden hat sich deutlich verbessert.
Ich bin auch wieder bei meinem Internisten gewesen und habe mich gründlich untersuchen lassen. Auch hier konnte durch ein EKG und eine Blutuntersuchung eine Verbesserung festgestellt werden.«

Therapie-Erfolg: Angina pectoris – Galgant
»Die Domäne von Galgant ist und bleibt unbestritten der akute Angina Pectoris-Anfall, der sich ausnahmslos, innerhalb von zwei bis zehn Minuten komplett löst. Wegen der absoluten Zuverlässigkeit habe ich seither nie mehr ein anderes Mittel bei Angina Pectoris-Anfällen benützt.« (Frau Dr. med. K. Kelter, Ärztin für Allgemeinmedizin, Dudweiler).
Der Patient, H. D., 51 Jahre alt, erlitt beim Autofahren eine schmerzhafte Herzattacke mit Schwächezuständen und ausstrahlenden Schmerzen in den linken Arm, so dass er diesen nicht mehr am Lenkrad halten konnte. Nach Einnahme von Galganttabletten (2 Tabletten zu 0,1 g) verschwanden die Symptome in wenigen Minuten, und er konnte seine Fahrt nach Hause fortsetzen. Dort angekommen, fand ein weiterer Herzanfall statt, der ihn zwang, sich vorübergehend hinzulegen und erneut Galganttabletten einzunehmen. Auch diesmal verschwanden die Herz-

schmerzen, und der Zustand entspannte sich in wenigen Minuten. Nachts setzten erneut starke Herzschmerzen ein, so dass der Arzt eine sofortige Krankenhauseinweisung anordnete. Durch die erneute Galganteinnahme trat aber kein schockartiger, bedrohlicher Zustand ein, so dass der Patient nicht in die Intensivstation, sondern in ein normales Krankenhauszimmer aufgenommen wurde. Nach den üblichen Untersuchungen – EKG und Blutbildkontrollen – konnte ein Herzinfarkt ausgeschlossen werden.
Die Einnahme von Galgant verhindert offensichtlich, dass die Herzattacke zum Herzinfarkt auswächst. Diese Beobachtung haben wir in zahlreichen ähnlich gelagerten Fällen machen können. Durch die weitere prophylaktische Galganttherapie, einmal täglich 3 Msp. Galganthonig zum Frühstück, konnte die Anfälligkeit für Angina Pectoris vermindert werden. Seitdem sind keine Anfälle mehr aufgetreten.

Therapie-Erfolg: Herzschmerzen – Galgant
Der Patient B. K., 61 Jahre alt, erlitt vor einem Jahr einen Herzinfarkt. Im Laufe des Krankenhausaufenthalts wurden ein großer und ein kleiner Herzkatheter geschoben und die verschlossene Vene gesprengt. Danach wurde der Patient auf chemotherapeutische Mittel eingestellt (Nitroglycerin, Adalat und Aspirin) und zur Rehabilitation nach Königsfeld entlassen.
Nach sechs Monaten erhielt der Patient einen Hildegardischen Aderlass und die Galganttherapie, dreimal täglich 1 Tablette nach dem Essen. Dadurch vergingen die Herzschmerzen und der durch den Katheter verursachte Schiebeschmerz, die sich bis dahin fast jeden Tag bemerkbar gemacht hatten. Das EKG war seitdem ohne Befund und auch das Angiogramm zeigte keine verschlossenen Gefäße mehr.
Daraufhin wurden mit Wissen des Facharztes alle chemo-

therapeutischen Mittel abgesetzt und nur noch die Galganttherapie weitergeführt. Der Patient ist seitdem belastungsfähig und weitgehend schmerzfrei.

Therapie-Erfolg: Erschöpfungs- und Schwächeanfälle – Galgant

Die Patientin S. H. litt unter schweren Erschöpfungs- und Schwächezuständen als Spätfolge einer angeborenen Konstitutionsschwäche sowie als Folge mehrerer Unfälle und innerer Krankheiten: Kreislaufschwäche mit Herzbeklemmungen und Atemnot, Verdauungsstörungen, Eiweißunverträglichkeit, Übelkeit und Brechreiz, zerebrale und periphere Durchblutungsstörungen mit Gedächtnisverlust, Leistungsabfall, Müdigkeit, Schlafstörungen, Arbeitsunfähigkeit und Erkältungsanfälligkeit.

Nach sechs Tagen Galganttherapie (dreimal täglich 2 Tabletten 0,1 g Galgant) wurde der gesamte Organismus allmählich bis in die allerschwächsten Stellen durchblutet und belebt. Bereits nach zwei Tagen Stabilisierung von Herz und Kreislauf. Nahrungsaufnahme ohne Übelkeit und Brechreiz. Am dritten Tag wieder tiefer und erholsamer Schlaf ohne Unterbrechung. Morgens fühlte sich die Patientin wieder leistungsfähig wie seit Jahren nicht mehr.

Die Patientin war am meisten beglückt von der Tatsache, dass nicht nur ihre »administrativen Aufgaben«, sondern auch ihre schöpferischen Fähigkeiten wieder ins Fließen gebracht wurden: Freude am konzentrierten Klavierspiel, am Lesen und Schreiben sowie Erwachen der verlorengegangenen Heiterkeit. Kurz, Galgant belebte wieder alle körperlichen, geistigen und seelischen Fähigkeiten durch seine »ordnende, sammelnde und harmonisierende« Wirkung.

Magen-Darm-Krankheiten

Magen-Darm-Erkrankungen werden häufig von psychischen Ursachen ausgelöst, wobei auch die Ernährung eine entscheidende Rolle spielen kann:

Magen- und Darmleiden

> »Wenn nämlich ein Mensch an allerlei Mühsal, Angst und den Folgen von vielerlei Speisen und Getränken leidet, so dass sich durch ungeeignete Speisen und Getränke verschiedene und verkehrte Säfte und Schleime (Schlackenstoffe) angesammelt haben, dann kommt die erschütterte und ermüdete Seele, von Widerwärtigkeiten geplagt, zum Erliegen und stellt ihre Lebendigkeit bis zu einem gewissen Grade ein.«

Betroffen ist der ganze Verdauungstrakt. Dazu gehört nach Hildegard die ganze Funktionseinheit von der Speiseröhre bis zum Enddarm, ja sogar die Eingeweide und die Drüsen innerer Sekretion: Bauchspeicheldrüse, Leber, Galle, Milz, Eierstöcke, Nebennieren und das Steuerungsorgan, die Hirnanhangdrüse (Hypophyse). Der gesamte Stoffwechsel wird zentral vom Gehirn und von den Drüsen mit innerer Sekretion (Hormondrüsen) gesteuert.

»Das Gehirn gibt im Stadium der Fülle ein Sekret ab, wodurch die Verdauung in Gang gesetzt wird.«

Mundgeruch, Verschleimung durch Umweltgifte, Ernährungsfehler

Salbeiwein: 1 TL Salbeiblätter, 1/4 l Wein

2 Minuten aufkochen, absieben. Ein- bis zweimal täglich trinken.

Schlechter Mundgeruch ist immer das Zeichen einer schlechten Verdauung und kann auf diese Weise leicht beseitigt werden.

Körpergeruch, Mundgeruch, Blähungen, Sodbrennen, Aufstoßen, Magen-Darm-Geschwüre

Fencheltabletten:

Vor jedem Essen 3–5 Fencheltabletten zerkauen. Man kann auch Fenchelpulver messerspitzenweise einnehmen. Vom Kauen der Fenchelsamen wird abgeraten, da die harten Fenchelkörner die Mundschleimhaut verletzen können.

Fenchel in jeder Form: Fenchelgemüse, Fenchelöl, Fencheltee, Fenchelsamen oder die hochwirksamen Fencheltabletten sind ein Universalheilmittel für Magen- und Darmleiden, da sie den Magen-Darm-Trakt von Fäulnisstoffen und lästigen Darmgasen reinigen (Karminativum). Die krampflösenden Eigenschaften des Fenchels sorgen dafür, dass sich die Blähungen lösen. Daher wird er nicht mehr nur in der Kinderheilkunde bei Krämpfen angewendet, sondern ganz besonders auch bei Magen- und Darmkoliken. Die Wirksamkeit des Fenchels kann durch Galgant verstärkt werden. Daher haben wir die Fenchelgalganttabletten hergestellt und sie bei starken Darmkoliken erfolgreich erprobt.

Ganz besonders wichtig ist die neutralisierende Wirkung des Fenchels auf die Gallensäure, die für Sodbrennen und Aufstoßen verantwortlich gemacht wird. Auch hier hilft Fenchel, in Form von Fencheltabletten vor dem Essen eingenommen, zuverlässig und sicher. Bei schweren Magen-Darm-Erkrankungen muss natürlich das Grundleiden mitbehandelt werden.

Gastritis, Magengeschwür, Magenempfindlichkeit, Verdauungsschwäche, Zwölffingerdarmgeschwür, Verdauungsinsuffizienz, Appetitlosigkeit

Muskatellersalbei-Elixier: 10 g Muskatellersalbeiblätter, 6 g Poleiminze, 2 g Fenchelsamen, 50 g abgeschäumten Honig, 1 l Wein

Die Kräuter werden unter Zugabe von Honig 3–5 Minuten lang in Wein aufgekocht, abgesiebt und steril abgefüllt. 1–2 Likörgläser, bei empfindlichem Magen nur teelöffelweise, nach dem Mittag- und Abendessen einnehmen. Es handelt sich hier um ein hochwirksames Mittel gegen Gastritis, die in der Schulmedizin als unheilbar gilt. Das Mittel schmeckt nicht nur ausgezeichnet, sondern ist auch eine wirksame Verdauungshilfe.

Magengeschwüre, Zwölffingerdarmgeschwüre, Gastritis, Bauchschmerzen, Bauchspeicheldrüsen- und Gallenerkrankungen

Süßholzwurzelmischpulver: 60 g Süßholzwurzelpulver, 40 g Engelsüßpulver, 1 TL Edelkastanienmehl

1 TL des Pulvers morgens ins Habermus geben, mit Kastanienmehl aufkochen, 4–6 Wochen lang zum Frühstück essen.

Dieser Morgenbrei lässt in kurzer Zeit Magen- und Darm-geschwüre ausheilen und verhindert gleichzeitig, im Frühling und Herbst gegessen, dass alte Magen- und Darmgeschwüre aufbrechen. Auch andere Magenschmerzen und Krämpfe lassen sich mit diesem Frühstück beseitigen.

Magenschmerzen, Gastritis, Narbenschmerzen bei ausgeheilten Darmgeschwüren

Lorbeerwein: 2–3 TL Lorbeeren, 500 ml Rotwein

Lorbeeren in Wein 3 Minuten aufkochen und absieben. Warm schluckweise als Verdauungshilfe nach dem Essen oder vor dem Schlafengehen trinken. Der Lorbeerwein hilft ausgezeichnet bei dieser Art Magenschmerzen, aber nicht bei Magenschmerzen durch Tumorleiden.

Magenleiden, Magenschmerzen, Magen-, Zwölffingerdarmgeschwüre, Colitis, Verdauungsschwäche

Ingwermischpulver: 10 g Ingwer, 20 g Galgantpulver, 5 g Zitwer

1–3 Msp. des Pulvers werden in 1 Likörglas Wein nach dem Essen und vor dem Schlafengehen eingenommen. Dieses Magenpulver räumt mit den unangenehmen Oberbauchbeschwerden auf.

Magen-Darm-Schmerzen, Bauchspeicheldrüse, Magen-Darm-Koliken

Tannencreme: 50 g Frühlingstannennadeln, -rinde und -holz, 25 g Salbeiblätter, 100 g Maibutter, 250 ml Wasser.

Tannennadeln, -rinde und -holz mit Salbeiblättern klein

schneiden, in Wasser zu Brei kochen, absieben und die Flüssigkeit mit Maibutter unter ständigem Rühren zusammenschmelzen. Dann kalt rühren, vom Wasser trennen und in Salbendosen im Kühlschrank aufbewahren.

Das Herz, das Sonnengeflecht, Schläfen, Stirn und eventuell den ganzen Kopf mit der Creme massieren.

Magen-Darm-Leiden

Smaragd:
»Wenn jemand im Herzen und im Magen oder an der Seite Schmerzen leidet, der trage einen Smaragd bei sich, so dass sein Körperfleisch von jenem Smaragd warm werde, und es wird ihm besser gehen.«

Man nimmt entweder eine Smaragdkette aus unbehandelten Smaragden oder eine sechseckige Smaragdscheibe, die man mit Klebepflaster auf den Bauchnabel kleben kann. Der Smaragd hat sich bei allen Schwäche- und Erschöpfungszuständen, besonders bei Magen-Darm-Leiden, außerordentlich bewährt.

Fenchelmischpulver (Sivesan): 16 g Fenchelsamen, 8 g Galgantpulver, 4 g Diptampulver, 2 g Habichtskrautpulver

Alles miteinander mischen und 2–3 Msp. in 1 Likörglas warmem Wein (eventuell auch Petersilientrank) nach dem Mittagessen trinken.

Blähungen

Galganttabletten:
Nach dem Essen 1–2 Galgant- oder noch besser Fenchelgalganttabletten langsam auf der Zunge zergehen lassen. Die Fenchelgalganttabletten sind eine rasche Hilfe zur Beseiti-

gung der Blähungen und oft sogar lebensrettend. Nach spätestens 5 Minuten verschwindet der Druck durch Aufstoßen oder Entweichen der Gase, und der Zustand hat sich wieder normalisiert.

Die rasche und zuverlässige Wirkung beruht u. a. auf den ätherischen Ölen, die krampfstillend und reinigend wirken. Dadurch werden Magen und Darm beruhigt, wobei die Wirkung schon sensorisch durch die Nervenreizung auf der Zunge einsetzt.

Daneben hat der Galgant noch antibakterielle und leicht desinfizierende Eigenschaften, die zu einer Beseitigung der gasbildenden Fäulnisbakterien im Darm beitragen. Zum pharmakologischen Wirkungsprofil, das noch lange nicht vollständig erforscht ist, gehören auch entzündungshemmende Eigenschaften, die bei akuten und chronischen Entzündungszuständen der Magen-Darm-Schleimhaut eine heilende, wundheilungsfördernde Wirkung ausüben können.

Verdauungsbeschwerden

Flohsamen:
1 gehäuften TL Flohsamen über jedes Essen streuen und mit viel Flüssigkeit (z. B. Fencheltee) hinunterspülen.

Völlegefühl, Stoffwechselstörungen, Gallenleiden (milde Fastenausleitungskur anstelle von Glaubersalz)

Ingwer-Gewürzmischpulver: 12 g Ingwerpulver, 6 g Süßholzwurzelpulver, 4 g Zitwerpulver, 22 g brauner Rohrzucker, 5 g Dinkelmehl, 1 Tropfen Wolfsmilchsaft

Aus dem Kräuterpulver und dem Mehl einen Keks backen, ihn im Sommer entweder in der Sonne trocknen lassen oder im Ofen bei 180° C backen. Mit einem Tropfen

Wolfsmilchsaft befeuchten. Die Kekse sind auch als Fertigprodukt erhältlich. Man nimmt vor dem Aufstehen einen Ingwer-Ausleitungskeks und lässt ihn langsam im Mund zergehen. Ein drastischer Stuhlgang wie beim Glaubersalz ist nicht zu erwarten, sondern nur eine milde Ausleitung der schlechten Säfte über Leber, Darm und Niere. Nach Einsetzen der Wirkung soll man erst zum Mittagessen Habermus oder eine Dinkelschrotsuppe essen. Grobe Speisen wie Roggen, Gerste, Rindfleisch, Gebratenes, Geröstetes soll man meiden. Auch vor Käse und Rohkost wird gewarnt. Wein kann man trinken, besonders gelöschten Wein. Wasser dagegen nicht. Fencheltee ist in jedem Fall erlaubt.

Die Ingwer-Ausleitungskekse sind in der Lage, Stoffwechselstörungen zu verbessern, die Harnsäure und sogar den Cholesterin- und Serumtriglyzerid-Spiegel zu senken. Zusammen mit der Hildegard-Diät ist die Kur mit den Ingwer-Ausleitungskeksen eine der wichtigsten Methoden, um ernährungsbedingte Zivilisationskrankheiten zu verhindern. Die Kekse beseitigen dabei nicht nur die Gift- und Schlackenstoffe, sondern auch die krebserregenden Fäulnisstoffe aus Magen und Darm. Deshalb kann man sie mit Recht als Universalheilmittel bezeichnen, da sie die Gesundheit erhalten und der Krankheit vorbeugen.

Eingeweideleiden, Eingeweideschmerzen

Sanikel-Elixier: 100 g frisch gewaschenes Sanikelkraut mit Wurzel, 2 l Wasser, 300 g Honig, 50 g Süßholzsaft

Das Sanikelkraut wird mit den Wurzeln klein geschnitten und in Wasser 5 Minuten zu einem Tee gekocht. Zu diesem Tee gibt man Honig und Süßholz, kocht ihn noch mal 2 Minuten, filtriert ihn und füllt ihn in sterile Flaschen ab. Davon nimmt man dreimal täglich 1 Likörglas nach dem Essen zu sich. Sanikel-Elixier hilft ausdrücklich bei allen Eingeweideleiden, wobei Hildegard zu den Eingeweiden alle Bauchorgane, natürlich auch Magen, Leber, Milz, Galle, Bauchspeicheldrüse, Dünndarm, Dickdarm und sogar die Organe des Unterleibs wie Gebärmutter zusammenfasst.

Therapie-Erfolg: Gastritis – Muskatellersalbei-Elixier
»In den letzten Wochen hatte ich sehr starke Magenbeschwerden, die sich im Laufe von drei Tagen so steigerten, dass ich unter ständigem Aufstoßen, Völlegefühl, Magenkrämpfen und -schmerzen litt. Ich aß einige Tage die Dinkeledelkastaniensuppe mit Süßholz und Engelsüßpulver und nahm dann Muskatellersalbei-Elixier. Nun ist alles wieder besser: Deo gratias.«

Therapie-Erfolg: Gastritis – Dinkel
»In den Jahren vor 1980 hatte ich ständig, teilweise erhebliche Schwierigkeiten mit meinem Magen (Gastritis), so dass ich deshalb in ärztlicher Behandlung war, die aber kein positives Ergebnis brachte. Seit 1980 esse ich regelmäßig Dinkelbrot. Bereits nach kurzer Zeit war ich meine Probleme mit dem Magen los. Seit dieser Zeit esse ich ausschließlich Dinkelbrot und bin gesund. Für mich ist der Dinkel die beste Medizin, und ich bin sicher, dass dies nicht nur für mich gilt.«

Therapie-Erfolg: chronische Gastritis – Muskatellersalbei-Elixier
Bei dem Patienten wurde eine gefährliche Zellteilung der Magenschleimhaut festgestellt mit der Gefahr, in Magenkrebs überzugehen. Durch regelmäßige Einnahme von Muskatellersalbei-Elixier hat die Zellteilung aufgehört, und die Gefahr war beseitigt.

Therapie-Erfolg: Verdauungsstörungen – Dinkel
»Ich bin 52 Jahre alt und habe im Magen-Darm-Bereich

vier Operationen hinter mir. Ich war ausgemergelt und wog nach der vierten Operation nur noch 43 kg. Zuhause habe ich mich umgestellt auf Dinkelnahrung und nahm dadurch an Gewicht zu. Ich hatte weder Verdauungsbeschwerden noch Schwierigkeiten mit dem Stuhl. Jetzt, nach einem halben Jahr habe ich wieder mein normales Gewicht von 65 kg. Ich fühle mich wohl. Ich arbeite als Sekretärin, habe eine Familie mit zwei Kindern und kann alles wieder meistern.«

Therapie-Erfolg: Zöliakie – Dinkel
Die Verdauungsschwäche des Dünndarms aufgrund einer Weizen-, Gerste- und Roggenallergie gilt als unheilbar. Ein jetzt 18-jähriger Patient leidet seit seinem sechsten Lebensmonat an einer gluten-induzierten Zöliakie. Von der Universitätsklinik Innsbruck wurde ihm nach mehreren vergeblichen Ernährungsumstellungen mit Normalkost eine lebenslängliche glutenfreie Kost empfohlen. Nach behutsamer Umstellung auf Dinkelkost, mit zunächst nur 1 EL Dinkelkörner unter Kopfsalat, traten weder Durchfälle und Erbrechen noch Appetitlosigkeit und andere für die Zöliakie charakteristische Symptome auf. Nach vier Wochen konnte zusätzlich morgens Habermus gereicht werden. Da der Patient alles gut vertrug, konnte anschließend die ganze Kost auf Dinkel umgestellt werden. Der Patient wuchs innerhalb von neun Monaten um drei Zentimeter; sein Allgemeinzustand ist gut.

Nierenerkrankungen

»Die Nieren bilden das Firmament und den Wärmespeicher des menschlichen Körpers und halten die Lenden des Menschen zusammen wie bewaffnete Soldaten, die ihren Herrn verteidigen. Sie sind deshalb zu zweit, damit sie das Feuer um so kräftiger in sich zurückhalten können. Dies tun sie bei der Frau wie beim Mann, weil sie in der Nähe der männlichen Lenden sind und auch mit der weiblichen Gebärmutter verbunden sind.
Sie sind in Fett eingehüllt, damit sie durch keinerlei Kälte zu Schaden kommen und ihre Kraft behalten.«

»In den Nieren selbst aber liegen sehr starke Gefäße, die sie kräftig festhalten, und durch die auch der gesamte menschliche Körper gestützt wird. Wenn aber ein Mensch an ihnen Schmerzen empfindet, so kommt das von der Schwäche des Magens.«

Große Nierenkur, Nierenschmerzen, Nierenleiden, Schrumpfniere, Zystenniere

Weinrautensalbe (zur Nierenmassage vor dem Ulmenholzfeuer): 20 g Weinrauteblätter, 20 g Wermutblätter, 5 Tropfen Rosenöl, 50 g Bärenfett

Die noch grünen und frischen Weinraute- und Wermutblätter werden zu einem Brei verrieben und mit dem Bärenfett und dem Rosenöl zu einer Salbe vermischt. Mit dieser Salbe werden die Nieren zwei- bis dreimal wöchentlich in rhythmischen Bewegungen ca. 10–15 Minuten lang vor dem Holzfeuer massiert. Am wirkungsvollsten ist das Ulmenholzfeuer, das schon allein eine gewisse Heilwirkung hat. Durch diese Nierenmassage kann besonders der Bluthochdruck wirkungsvoll beseitigt werden. Selbst in Notfällen bei Bluthochdruck über 220 mmHg kann man sofort Erste Hilfe mit der Nierenmassage leisten. Zur kurmäßigen Einreibung sind zweimal wöchentlich – mindestens 10 Massagen insgesamt – notwendig. Behelfsmäßig kann die Nierenmassage auch unter dem Rotlicht durchgeführt werden.

Niereninsuffizienz, Nierenstein, Nierengrießbildung

Wermutwein:
1 Likörglas Wermutwein (20 ml) jeden 2. Tag vor dem Frühstück trinken.

Mit dem Wermutwein haben wir ein Universalheilmittel für Nieren, Magen, Darm, das Herz und die Augen. Die ganze Funktionseinheit der großen inneren Organe, zu denen bei Hildegard auch die Eingeweide und die Nieren zählen, werden durch den Wermutwein besser durchblutet. Die Wirkung geht unter anderem auf den Gehalt von Bitterstoffen im Wermut und auf aromatische Öle zurück, die für eine gute Magen- und Nierendurchblutung sorgen. Die gesamte Sekretion der Verdauungsflüssigkeiten wird durch den Wermutwein angeregt: d.h. der Speichel, die Magensäfte, der Zwölffingerdarm, die Leber- und Gallensekretion. Darüber hinaus wird durch die Bitterstoffe das gesamte Immunsystem des Körpers stimuliert.

Nierenbedingter Bluthochdruck

Der Blutdruck wird von den Nebennieren durch die Hormone Adrenalin und Noradrenalin gesteuert. Bei Durchblutungsstörungen der Niere entstehen Substanzen, die die Blutgefäße verengen. Dadurch wird vermehrt Renin und Angiotensin gebildet, die dann den Bluthochdruck auslösen können. Um diese Kette zu durchbrechen, haben sich in der Hildegard-Medizin folgende Maßnahmen bewährt:

Der Hildegardische Aderlass
Bereits nach wenigen Minuten sinkt der erhöhte Blutdruck deutlich. Durch diese z.T. lebensrettende Maßnahme hat man zunächst die Möglichkeit gewonnen, andere Methoden aus der Hildegard-Heilkunde einzusetzen, z.B.

- Hildegard-Fasten
- Nierenmassage mit Weinrautensalbe
- Wermutwein
- Hildegard-Diät

Die salzarme Dinkelgrießsuppe mit viel Gemüse hat sich bei der Behandlung von Bluthochdruck bewährt. Dazu einmal wöchentlich einen Fastentag mit Dinkelgrießsuppe einlegen. Außerdem achtet man auf möglichst kochsalzarme Ernährung und die Reduktion von tierischem Eiweiß.

> *Therapie-Erfolg:* Nierenleiden –
> Wermutwein F. M., 61 Jahre alt, Dialyse-Patientin:
> Schwere Nierenentzündung nach Blinddarmoperation mit Durchbruch vor zehn Jahren. Vor sechs Jahren wurden eine Niere und die Blase entfernt. Seitdem muss die Patientin dreimal wöchentlich an die Dialyse. Sie ist immer müde und erschöpft und kann ohne Pause keine drei Schritte gehen. Gelbe Haut.

Seit Oktober 1987 Einnahme von Wermutwein, Durchführung von Nierenmassagen mit Weinrautensalbe am offenen Feuer, Aderlass. Drei Monate später ist die Haut wieder normal, das Gedächtnis funktioniert besser, sie ist nicht mehr müde, kann wieder ohne ständige Unterbrechungen laufen und hat normalen Stuhlgang. Der Blutdruck ist wieder normal und seitdem stabil geblieben.

Therapie-Erfolg: Nierentransplantation – Wermutwein
I. B., 33 Jahre alt, weiblich:
Nach einer Virusinfektion im Alter von zehn Jahren Krampfanfälle. Durch Antiepileptika wurde ein Arzneimittelschaden ausgelöst (Lupus erythematodes) mit Nierenschaden. Vor neun Jahren erfolgte eine erste Nierentransplantation, die misslang, einen Monat später wurde nochmals eine Nierentransplantation durchgeführt, die geglückt ist. Weitere fünf Jahre später wird auch die andere Niere durch ein Transplantat erfolgreich ersetzt.
Ein Jahr später Einnahme von Wermutwein, wodurch chemische Arzneimittel eingespart und Lasix abgesetzt werden können. Seitdem kein Nierenstau mehr. Nach Aderlass vor einem Jahr normalisiert sich das Blutbild derartig, dass sie von allen Patienten mit Transplantationen die besten Werte aufweist. Der ursprünglich trotz Blutdrucksenker hohe Blutdruck (180/95) normalisiert sich durch den Aderlass und die Wermutkur auf 135/90.

Therapie-Erfolg: Nierenzyste – Wermutwein
L. L, 60 Jahre alt, weiblich:
Seit zwei Jahren rezidivierendes Harnbluten, hervorgerufen durch eine Zyste an der linken Niere. Nach Wermutwein und Aderlass ist nach drei Monaten kein Blut mehr im Urin. Die Patientin fühlt sich leistungsfähiger und wohler. Die Nierenzyste befindet sich unverändert im Latenzstadium.

Ohrenleiden

»Wenn die Lebergefäße mit veränderter Körperflüssigkeit in Kontakt kommen, erschüttern sie auch die Gefäße des Gehörorgans und erschüttern die Hörfähigkeit, weil dem Menschen über sein Gehör Gesundheit oder Krankheit zugetragen wird. So wird das Gehör überglücklich durch Freude gereizt oder übertraurig im Unglück gehemmt.«

Ohrenschmerzen, Mittelohrentzündung

Ölige Rebtropfen: 40 ml Rebstocksaft, 60 ml Olivenöl

Die öligen Rebtropfen (Originalpackung ca. 10 ml) vor und hinter dem Ohr kräftig einmassieren. Durch diese Anwendung verschwinden die Ohrenschmerzen in wenigen Minuten. Das Mittel hat sich auch bei schweren Ohrenschmerzen, vor allem bei Kindern, bestens bewährt. Bei Kopfschmerzen, besonders durch Neuralgien oder Erkältung ausgelöste Schmerzen, kann man die öligen Rebtropfen ebenfalls verwenden. Die Wirkung lässt sich noch verstärken, wenn man zu den öligen Rebtropfen 1–2 Tropfen echtes Rosenöl hinzufügt.

Schwerhörigkeit durch ständige Katarrhe, Mittelohrentzündung

Dost-Galgant-Aloe-Pulver: 6 g Origano (Dost), 3 g Galgantpulver, 1 g Aloepulver, 6 g Pfirsichblätterpulver

Das Pulver mischen und anfangs nach dem Essen 1–2 Msp. einnehmen, später auch 1 Msp. vor dem Essen. Bei starkem Widerwillen kann man das Pulver auch in Fencheltee oder Petersilientrank geben. Durch Aloe hat das Gehörpulver eine verdauungsfördernde, leicht abführende Wirkung, die durchaus zur Reinigung erwünscht ist. Bei Durchfall sollte man das Pulver nicht mehr nehmen.

Jaspisolive:
Die Jaspisolive wird mit Speichel befeuchtet und 10–15 Minuten lang in das betreffende Ohr gesteckt.

Ohrensausen, Hörsturz

Tausendgüldenkrautwein oder -tee: 1 TL Tausendgüldenkraut, 250 ml kochendes Wasser

Man übergieße 1–2 TL Tausendgüldenkraut mit 1 Glas kochenden Wein oder Wasser und trinke davon dreimal täglich 1 Glas vor dem Essen, bis eine Besserung eintritt.

Die Verwendung von Tausendgüldenkrautwein hat sich bei akutem Gehörsturz außerordentlich gut bewährt. Sie wirkt bereits nach wenigen Stunden, so dass Infusionen überflüssig werden.

Ohrensausen, Schwerhörigkeit, Durchblutungsstörungen

Gundelrebenkrautkompressen: 2 EL Gundelrebenkraut, 500 ml Wasser

Pro Ohr 1 EL Gundelrebenkraut 1–3 Minuten in Wasser kochen, absieben und das Kraut warm auf die Ohren binden, 1 Stunde liegen lassen.

Therapie-Erfolg: Hörsturz – Tausendgüldenkrautwein Der Baumeister R. H.-G. erlitt nach schwerer beruflicher Überlastung in den Ferien einen Hörsturz mit einem Hörverlust von 55 Prozent. Er trank täglich Tausendgüldenkrautwein und nahm pflanzliche Tropfen (Tebonin) zu sich. Nach drei Wochen war die Hörleistung wieder bei 85 Prozent.

Therapie-Erfolg: Gehörverlust – Jaspisolive »Leider habe ich durch Mumps ein taubes Ohr bekommen und konnte meinen Geigenton nicht mehr so gut hören. Dann nahm ich viele Jahre später (mit 17 Jahren) den Jaspis, befeuchtete ihn mit Speichel und ließ ihn täglich 10–20 Minuten im tauben Ohr. Nun sind $1^1/_2$ Jahre vergangen. Das Ohr ist fast gesund. Meine Schulleistungen wurden besser, der Geigenton schöner. Das Erlebnis, wieder hören zu können, war unbeschreiblich.«

Osteoporose

Poröse Knochen

Osteoporose ist in der westlichen Welt zu einer Volkskrankheit geworden. Frauen verlieren im Laufe ihres Lebens etwa 50 Prozent ihrer Knochensubstanz, während Männer etwa 30 Prozent verlieren. 90 Prozent aller Knochenbrüche bei allen über 65-jährigen wird durch Osteoporose verursacht. 40 Prozent aller Menschen über 60 verlieren wegen Osteoporose ihre Zähne.

Die Ursachen der Osteoporose sind rascherer Knochenabbau und verhinderter Knochenaufbau. Osteoporose wird nicht durch einen Mangel an Kalzium, sondern durch einen Kalziumverlust verursacht:

- Osteoporose wird vor allem durch den Verzehr von zuviel tierischem Eiweiß, auch Milcheiweiß, verursacht, das im Organismus zu Harnsäure abgebaut wird, den Körper übersäuert und mit Kalzium aus den Knochen neutralisiert wird. Vegetarier haben so gut wie nie Osteoporose.
- Raucherinnen kommen durchschnittlich fünf Jahre früher ins Klimakterium, wodurch die Sexualhormonproduktion rasch abnimmt. Zigarettenrauch verhindert die Östrogenaktivität.
- Alkohol und Coffein regen in der Niere die Kalzium- und Magnesiumausscheidung an.
- Mangelnde Bewegung begünstigt den Knochenabbau

- Cortison und entzündungshemmende Medikamente verhindern die Kalziumaufnahme durch die Magen-Darm-Schleimhaut
- Ebenso verhindern Antazida auf der Basis von Magnesium-, Kalzium- und Aluminiumsalzen die Kalziumaufnahme, indem sie die Magensäure neutralisieren. Zur Kalziumaufnahme ist aber die normale Magensäurekonzentration erforderlich.
- Die Sexualhormonmengen, besonders bei Frauen, aber auch Männern der westlichen Welt, liegen doppelt so hoch wie bei Vegetariern oder Naturvölkern mit mehr pflanzlicher Kost und führen zu einem Hormonungleichgewicht mit der Folge von Progesteronmangel, einem Hormon, das verantwortlich für den Knochenaufbau ist.

Osteoporose wird daher nicht nur durch Östrogenmangel im Klimakterium verursacht – sonst müssten alle Männer Osteoporose haben –, sondern vor allem durch falsche Ernährung.

Die richtige Ernährung

Osteoporose entsteht nicht durch Kuhmilchmangel, wie viele annehmen. Ganz im Gegenteil: Milch senkt die Magensäurekonzentration und verhindert die Kalziumaufnahme.

Dinkel, Gemüse (Bohnen, Mandeln, Kichererbsen) und Früchte (Brombeeren, Himbeeren, Orangen) sind ausgezeichnete Kalziumquellen und werden viel besser vom Körper aufgenommen als Kalzium aus Milchprodukten oder Brausetabletten.

Knochen bestehen aus mehr als nur aus Kalzium. Sie setzen sich außerdem aus Magnesium, Mangan, Zink, Kupfer, Silikat, Phosphat, Fluorapatit und 45 anderen Spurenelementen zusammen, die mit mikrokristallinen und kollagenen Fasern die Knochensubstanz bilden. Daher sind Knochen am besten geeignet, um Knochen wieder aufzubauen und vor Osteoporose zu schützen. Zwei- bis dreimal wöchentlich sollte eine Kalbsfußknochenbrühe auf dem Speiseplan stehen. Ein Hildegardischer Aderlass *von Zeit* zu Zeit dient ebenfalls der Stimulation des Knochenwachstums.

Bis zum letzten Atemzug hat der Knochen die Eigenschaft, sich immer wieder neu aufzubauen, wenn die richtigen Bausteine vorhanden sind.

Therapie-Erfolg: Poröse Knochen – Kalbsfußsuppe
Bei der 60-jährigen Patientin K. H. wurde eine Knochendichte von 70 Prozent festgestellt. Nach intensiver Diät mit Dinkel, Obst und Gemüse sowie ein- bis zweimal wöchentlich einer Kalbsfußsuppe und Hildegardischem Aderlass normalisierte sich die Knochendichte innerhalb eines halben Jahres.

Rheuma

Vorbeugung und Behandlung von Rheuma bei Hildegard von Bingen

Über 25 Millionen Deutsche – davon vier Millionen mit einer chronischen, d.h. unheilbaren rheumatischen Erkrankung – leiden heute unter irgendeiner Rheumaform, zu denen vorwiegend drei Arten gerechnet werden:

- Gelenkrheuma, Arthritis, Entzündungen der Gelenke, im schlimmsten Falle aller Gelenke: chronische Polyarthritis
- Abnutzungserscheinungen der Gelenke: Arthrose mit Verschleiß des Gelenkknorpels
- Weichteilrheuma mit Schmerzen an Sehnen, Sehnenscheiden, Bändern und Muskeln

Rheuma ist generell eine Erkrankung, insbesondere eine Verschlackung, des Bindegewebes mit Schmerzen des Bewegungsapparates, die fast immer zu chronischen Symptomen führen können: Morgensteifheit, Entzündungen der Gelenke an Händen, Fingern, Zehen, Schultern, Hüften und Knien.

Aus schulmedizinischer Sicht ist Rheuma unheilbar und wird mit schmerz- und entzündungshemmenden und immunschädigenden chemischen Arzneimitteln bekämpft. Mit diesen Mitteln werden nur die Symptome bzw. die Schmerzen unterdrückt, aber eine Heilung ist damit nicht möglich.

Besonders gefährlich – und in der Langzeittherapie sogar sinnlos – ist die Behandlung mit Cortison. Durch Cortison in hohen Dosen werden die körpereigenen Abwehrkräfte total zerstört. Daneben können Magengeschwüre, Diabetes, Osteoporose, Potenzstörungen sowie das charakteristische Anschwellen des Gesichts auftreten. Die moderne Medizin kann den Rheumatismus nicht heilen, höchstens lindern. Wenn dann zum Schluss das Gelenk total zerstört ist, kann der Chirurg nur noch ein neues Gelenk einsetzen.

Die Autoaggression

Die meisten Rheumakrankheiten sind eine Folge des seelisch-leiblichen Wechselspiels mit dem Immunsystem, das zu 80 Prozent im Darm angesiedelt ist. Wie Hildegard schreibt, können Lebensmühsal, Stress, Zorn, Sorge, Kummer, Angst oder Lebenskrisen zu einer Wut im Bauch führen, die sich dann materialisieren kann und wie ein Wurm im Darm wütet. Die moderne Forschung bestätigt, dass gewöhnliche Keime wie z.B. Schnupfenerreger, das Herpes-simplex-Virus sowie potentiell krebserregende Warzenviren (Papylomaviren) oder auch schon das Epstein-Barr-Virus, das bei 95 Prozent der Bevölkerung vorkommt, das körpereigene Immunzellensystem aktivieren können. Die Viren tarnen sich mit Eiweißen, die dem menschlichen Gewebe täuschend ähnlich sind, und lösen damit Attacken des Immunsytems auf den eigenen Körper aus. Dadurch werden die Immunzellen (T-Zellen), die ständig im Blut patrouillieren aus ihrem inaktiven Zustand erweckt und vermehren sich rasant, um bei einer Infektion vermehrt virale oder bakterielle Petide außer Gefecht zu setzen. Dabei schießen sie aber über das Ziel hinaus und zerstören körpereigene Eiweißsubstanzen wie z.B. Sehnen, Bänder, Knorpel und sogar Knochen. Bei einer anderen Immunerkrankung, der Multiplen Sklerose, durchdringen die Immunzellen die Bluthirnschranke im Gehirn und greifen dort die Isolierschichten des Nervensystems im Hirn und Rückenmark an. Auch bei der seltenen Myastenia gravis, einer Lähmung oder Blockade der Reizübertragung, werden Nervenzellen angegriffen, und schließlich gehört in diese Gruppe auch der sogenannte »Wolf« (Lupus erythematodes), eine sogenannte Hauttuberkulose, bei der das eigene Bindegewebe angegriffen wird.

Eine erfolgreiche Rheumatherapie muss daher alle diese Faktoren berücksichtigen:

- Die Beseitigung der Wut im Bauch sowie seelischer und belastender Ursachen
- Eine Rheumadiät auf der Basis von Dinkel, Obst und Gemüse mit Ausschluss von tierischem Eiweiß und Küchengiften
- Eine Ausleitung von Giftstoffen aus dem Blut durch Aderlass und aus dem Bindegewebe durch Schröpfen, Saunatherapie, Bäder
- Eine Sanierung des Darms mit anschließender Immunmodulation mit Bärwurzbirnhonig und der Hildegardischen Goldkur
- Eine Reinigung der Säfte durch Wasserlinsen-Elixier und dem gezielten Einsatz von echten Rheumaheilmitteln

Hierzu haben wir eine Fülle von Hildegardischen Rheumamitteln zur Verfügung, die wir gezielt einsetzen können.

Rheumaschmerzen

Wasserlinsen-Elixier: 10 g weißer Pfeffer, 5 g Ingwerwurzel, 5 g Zimtrinde, 3 ml Salbei-Urtinktur, 7 ml Fenchel-Urtinktur, 70 ml abgeschäumter Honig, 1 l Weißwein, 20 g Wasserlinsen, 40 g Blutwurzblätter, 40 g Ackersenf, 20 g Labkraut

Pfeffer, Ingwer, Zimt, Salbei, Fenchel und Honig mit Weißwein vermischen. Das Ganze durch eine Mischung der übrigen Zutaten filtrieren. Täglich 1 Likörglas vor dem Frühstück und 1 Likörglas vor dem Schlafengehen nehmen. Das Erste und das Letzte, was Sie am Tag zu sich nehmen, sollte das Wasserlinsen-Elixier sein. Zur Vorbeugung sollte man einmal im Jahr 3 l in den genannten Mengen zu sich nehmen.

Das Wasserlinsen-Elixier hat sich tausendfach bewährt und gehört zu unseren besten Maßnahmen zur Krebsprophylaxe. Bereits nach einer Woche verschwinden die typischen schmerzhaften Zustände, die Müdigkeitserscheinungen lassen nach, und die Kräfte kehren wieder.

Der Einsatz dieses Mittels hat sich auch alternativ oder begleitend zur Chemotherapie oder zur Bestrahlung bewährt. Chemotherapeutische Arzneimittel verträgt der Patient besser, oder die Nebenwirkungen treten nicht so stark auf. Die Wasserlinsenkur kann auch immer dann eingesetzt werden, wenn Erkältungszustände auftreten, wie z.B. Virusgrippeinfektionen und allgemein bakterielle Infektionen. Die Wasserlinsenkur ist eine echte Alternative zu Antibiotikabehandlungen, da sie ganz unspezifisch das Immunsystem stärkt und die körpereigenen Kräfte anregt.

Universalmittel gegen die Verschlackung

Wermutwein:
40 ml frisch gepresster Wermutfrühlingssaft in die Siedehitze von 1 l Wein und 150 g Honig gießen, abseihen, abfüllen, im Kühlschrank aufbewahren. Von Mai bis Oktober jeden 2. Tag 1 Likörglas vor dem Frühstück zu sich nehmen.

Rheuma, Arthritis

Quittenkur:
Jeder Hildegard-Patient sollte die Herbstzeit zu einer Quittenkur nutzen: Quitten, wie Äpfel in Stücke geschnitten, als Kompott 20 Minuten mit Wasser oder Wein kochen oder als Quittenkuchen, wie Apfelkuchen, auf Mürbeteig backen. Quittenmarmelade und Quittenbrot, in das man süße Mandeln und Galgant einarbeiten kann, sind ebenfalls empfehlenswert. Quittenbrot ist das Hildegard-Konfekt und schmeckt nicht nur zu Weihnachten, sondern während des ganzen Winters gut.

Finger-, Hüft-, Kniegelenksarthritis, Arthrose, Arthrosis deformans

Wermutsalbe: 80 g Wermutfrischsaft, 20 g Hirschtalg, 10 g Hirschfett, 100 g Ziegenfett

Der Wermutsaft wird im Wasserbad mit Hirschtalg und Hirschfett sowie Ziegenfett erwärmt und zu einer Salbe gerührt. Das Wasser abpressen und in Salbentiegel füllen.

Mehrmals täglich kann man die schmerzhaften Gelenke mit der Wermutsalbe einreihen. Die Wirkung verbessert sich durch die Massage vor einem Holzfeuer (besonders einem Ulmenholzfeuer), wobei das Ulmenholzfeuer allein schon schmerzlindernd ist. Diese Anwendung wirkt Wunder. Bereits wenige Minuten nach der Anwendung verschwinden die Schmerzen, und die Gelenke werden wieder beweglich.

Achtung! Wärme sollte bei entzündlichem akuten Rheuma bzw. bei Arthritis nicht angewendet werden, da sich die Entzündungszustände durch die Wärmeeinwirkung verschlimmern. Hier kann Kälte helfen.

Rheumatisches Fieber, Hormonstörungen, Stoffwechselstörungen

Zimtwein:
In Ermangelung von Zimtbaumblättern haben auch Zimtrindeabkochungen in Wein geholfen. Man nimmt ein Röhrchen und kocht es in $^1/_4$ l Wein 3 Minuten ab, absieben, und fertig ist der Zimtwein.

Der Zimtwein hat sich bei immer wiederkehrenden Fieberschüben bewährt, dem so genannten Drei-Tage- oder Vier-Tage-Fieber, wie es bei Malariaschüben auftritt, wie es aber auch bei Virusinfektionen immer wieder vorkommen kann.

Polyarthritis, Rheuma

Goldstaub:
Erfahrungsgemäß nimmt man die Goldkur am besten nach einem Hildegardischen Aderlass ein, weil hier der Körper schon gründlich umgestimmt ist. Das Gold liegt zwei Monate im Magen-Darm-Trakt und greift dennoch die Schleimhäute nicht an, macht sie auch nicht geschwürig. Im Röntgenbild konnte die Goldkur sichtbar gemacht werden. Ein Übergang in den Körper ist also ausgeschlossen, weil sich Gold nur in Königswasser auflösen kann. Das Gold verteilt sich im Magen-Darm-Trakt, wo es wahrscheinlich dafür sorgt, dass die Aggression des Immunsystems zurückgenommen wird. Es handelt sich also hier um eine echte Immunmodulation, nicht um eine Immunstimulation.

Die Hildegardische Goldkur darf nicht verwechselt werden mit der Behandlung durch hochgiftiges Goldsalz in der Schulmedizin. Die Giftigkeit der chemischen Goldsalze, die ins Blut übergehen, ist so groß, dass Entzündungen an den gesamten Schleimhäuten, Nierenentzündungen, lebensgefährliche Störungen der Blutbildung, Agranulozytose, Thrombopenie, Leberschäden, Gehirnhautentzündung und Blindheit auftreten können. Der angeschlagene Gesundheitszustand des Rheumakranken wird dadurch nur noch mehr beeinträchtigt. Hildegards Goldkur dagegen verwendet naturreines Nuggetgold und hat keine Nebenwirkungen.

Rheumaschmerzbehandlung durch Salben

Arthrose, Arthritis: *Wermutsalbe*
Täglich vor dem Ulmenholzfeuer (oder ersatzweise vor dem Rotlicht)
Gicht, Rheuma: *Tannensalbe*
Herz, Sonnengeflecht, gegebenenfalls Schläfen und Stirn damit morgens und abends einmassieren.
Rheumaschmerzen: *Lorbeerfruchtöl*
Eventuell mit Sadebaumöl oder Buchsbaumsaft verstärken. Gelenke damit einmassieren.
Rheumaschmerzen, Neuralgien: *Rosenöl-Olivenöl* (1 Prozent Rosenöl in Olivenöl)
Täglich einmassieren.
Gicht, Rheuma, Polyarthritis, akuter Rheumaschub mit »tobendem« Schmerz: *Stabwurzsalbe*
(Stabwurzsaft, Olivenöl, Schweinefett)
Deformierendes Gelenkrheuma, Gicht, Lähmung: *Thymiansalbe*

Rheuma-Elixiere

Rheumaschmerzen, Muskelrheuma, Weichteilrheuma
Krauseminzen-Elixier: 20 ml Krauseminzensaft (Urtinktur), 80 ml Wein
Saft mit Wein mischen. Man nimmt vor dem Frühstück 1 Li-

körglas davon, ebenso nach dem Abendessen und vor dem Schlafengehen. Bei Magenunverträglichkeit reduziert man die Menge auf 1 TL. In Ausnahmefällen kann man auch Krauseminzen-Urtinktur nehmen (5–10 Tropfen in 1 Likörglas Wein morgens, nach dem Abendbrot und nachts).
Gicht, Rheumaschmerzen, Rheumaherde
Wegerichsaft (Urtinktur):
5–10 Tropfen in 1 Likörglas Petersilientrank, nach dem Essen einnehmen.
Rückenschmerzen, Kreuzschmerzen, Seitenstechen, Bandscheibenschmerzen
Galgantwurzelwein: 1 TL Galgantwurzeln (geschnitten), 1 Glas guten Wein (Ansatzwein oder Südwein)
Galgantwurzeln 2–3 Minuten in 1 Glas Wein aufkochen, absieben, warm schluckweise trinken.

Die Edelstein-Therapie der hl. Hildegard

Chrysoprasstein: Auf die bloße Haut legen, und Rheuma und Gicht vergehen. Bei Fingerarthritis, Gelenkrheuma, Koxarthrose und auch Kniearthrose hat sich die Chrysoprasscheibe außerordentlich bewährt. Gerade die entzündeten Gelenke geben bei der Kühlung mit Chrysopras ihre Entzündungsenergie ab, wodurch die Schmerzen in wenigen Minuten nachlassen.

Jaspisscheibe: Bei Weichteilrheuma, Neuralgie, Ischialgie auf die Schmerzstelle legen, mit Pflaster festkleben und 1–3 Tage liegen lassen. Auch hier sind große Erfolge mit der Jaspisscheibe zu verzeichnen, besonders bei Ischialgien, wobei die Jaspisscheibe direkt auf die Stelle des Ischias geklebt wird, an der der Hauptschmerz sitzt.

Saphir: Der Saphir wird für 15 Minuten in den Mund genommen und eignet sich besonders zur Beseitigung von ganz schlimmen Rheumaschüben, Gichtanfällen oder bei Rheumaattacken.

Therapie-Erfolg: Arthritisschmerzen – Chrysopras
Die 60-jährige Patientin leidet an Arthritisschmerzen in der Kniekehle und Ferse, am rechten Knöchel und linken Zeh. Durch das Auflegen eines Chrysoprassteins unter der Strumpfhose löst sich der Schmerz innerhalb von einer Minute »in Luft auf«.

Therapie-Erfolg: Polyarthritis – Aderlass, Dinkel, Goldkur
Die 64-jährige Hausfrau H. K. leidet infolge einer Quecksilbervergiftung durch Amalgamplomben bereits seit 15 Jahren an einer schweren Polyarthritis, die nur mit schweren Schmerzmitteln (Voltaren, Felden, Ibuproven) auszuhalten sind.
Eine Woche Rheumakur im Hildegard-Kurhaus, Aderlass, Schröpfen, Dinkelkost, Darmsanierung, Goldkur, Wasserlinsen-Elixier, Selleriesamenmischpulver führen zu einer Verbesserung, so dass alle chemischen Schmerzmittel überflüssig werden.

Therapie-Erfolg: Polyarthritis – Aderlass, Goldkur, Lorbeerfruchtöl
Die 55-jährige Patientin B. I. leidet seit 15 Jahren an durch Überarbeitung und Stress bedingten Schmerzen in allen Gelenken und Organen. Sie kann es nur mit starken Schmerzmitteln aushalten. Die Darmflora ist geschädigt. Nach Darmsanierung mit Bärwurzbirnhonig schwellen die Gelenke ab. Durch Aderlass verbessert sich das Gedächtnis, das Ekzem verschwindet. Sie fühlt sich in ihrer »neuen Haut« wie neu geboren. Durch Lorbeerfruchtöleinreibun-

gen und Chrysopras verschwinden die Gelenkschmerzen. Chemische Rheumamittel werden nicht mehr gebraucht.

Therapie-Erfolg: Rheuma – Aderlass, Wasserlinsen-Elixier, Dinkel
Bei der Patientin M. B. besteht eine achtjährige Polyarthritis. Fünf Rheumakuren in renommierten Rheumakliniken brachten keine Besserung der Beschwerden. Durch eine zweiwöchige Rheumakur mit Dinkel, Obst und Gemüse und einer Aderlasstherapie verschwanden die Schmerzen und die Patientin konnte sich wieder allein ohne Hilfe bewegen. Durch die Wasserlinsenkur fühlte sie sich wieder stärker und belastbarer.

Schlafen – Träumen – Wachen

Träumen

»Wenn der Mensch schläft, erholt sich sein (Nerven-) Mark; denn wenn der Mensch schläft, erholen sich seine Nerven und werden stark, und wenn er wacht, werden seine Nerven gemindert und geschwächt, wie der Mond bei seinem Zunehmen wächst und beim Abnehmen kleiner wird, und wie die Wurzeln der Pflanzen im Winter ihre Lebenskraft (Viriditas) in sich behalten, um sie im Sommer zur Blüte herauszuschicken. Wenn daher die Nerven des Menschen durch die Arbeit ermüdet oder durch Nachtwachen erschöpft sind, wird der Mensch vom Schlaf überfallen und vermag im Stehen oder Sitzen leicht einzuschlafen, weil die Seele das Bedürfnis des Leibes fühlt.«

Während des natürlichen, biologischen Schlafs wird der ganze Körper regeneriert. Hildegard beschreibt einen ganzen Prozess von aktiven Abläufen, die ein Schlafmittel blockieren würde. Daher ist der Betäubungsschlaf unter einem Schlafmittel auch nicht erholsam.

Schlafen, Träumen und Wachen

Zum guten Schlaf gehört ein gesundes Traumleben. Da für die Traumqualität die Tiefe des Schlafs verantwortlich ist, muss man sich auf den Schlaf vorbereiten und für gute Träume sorgen. Hildegard kennt fünf verschiedene Traumqualitäten:

- Tagesrestträume, verursacht durch ungelöste Probleme des Alltags, unverarbeitete Tagesereignisse, Erlebnisse, die bis in die Nacht fortwirken.
- Weckträume, oberflächliche Träume durch störende Geräusche in der Nacht (bellende Hunde, schreiende Katzen) oder belastende Einflüsse vom Abendessen (zum Beispiel Kartoffelträume).
- Krankheitsanzeigende Träume, also Träume, die in einer Krankheit ihre Ursache haben, auch Vorwarnungen von Erkrankungen.
- Prophetische Träume, Wahrträume, besonders positive Träume. Nur diese garantieren einen erholsamen Tiefschlaf.
- Alpträume

Tagesrestträume

Trotz Tiefenpsychologie und Traumdeutung sind uns die wichtigen Zusammenhänge von Schlafen, Wachen, Träumen und Gesundheit – wie Hildegard sie beschreibt – nicht mehr bewusst. Kein Wunder, dass so viele Menschen an Schlaflosigkeit leiden und morgens noch müder und zerschlagener aufwachen, als sie sich abends hingelegt haben. Wer morgens froh und erquickt aufwacht, der beweist, dass er gut geschlafen und gut geträumt hat. Hildegard weiß noch, dass der gute Schlaf ein Heilungsprozess ist, der den ganzen Organismus regeneriert und gegen das Altern schützen kann. Die Voraussetzung für den erholsamen Schlaf ist der gute Traum, und er ist Voraussetzung für die Tiefschlafphasen, die so genannten REM-Phasen. Hildegard macht die erstaunliche Feststellung, dass das Traumleben weitgehend von unserer eigenen Schlafvorbereitung und Einstellung zum Schlaf abhängig ist. Tagesreste, ungelöste Probleme, sexuelle Unausgeglichenheit können zu Alpträumen führen. Daher sind die richtigen Vorstufen zum Einschlafen, der so genannte *Countdown,* von allergrößter Bedeutung. Erst die entspannte, ausgeglichene Einstellung zum Schlaf garantiert einen guten Traum. Wir empfehlen daher, vor dem Schlafengehen weder fernzusehen noch Illustrierte zu lesen, sondern einen Spaziergang zu machen, Sauerstoff aufzutanken oder ein gutes Buch zu lesen. Hildegard kennt kaum Schlafmittel. Beruhigende Reize, die über den Hautsinn das Nervensystem zum Schlaf vorbereiten, beispielsweise ein warmes Lavendelbad oder Wassertreten können sogar chronische Schlaflosigkeit beseitigen.

Eine alte Regel besagt, dass man niemals schlafen gehen soll, ohne mit sich und der Welt in Frieden zu sein. Jeder Tag sollte so abgeschlossen werden, als sei er der letzte, und jeder Morgen so begonnen werden, als sei er der erste Tag eines Lebens.

Weckträume

Wird der Mensch durch Nachtgeräusche, durch einen schnarchenden Ehepartner oder einen kläffenden Hund in seinem Traumleben gestört und aufgeweckt, dann wird der ganze Regenerationsvorgang des Organismus gestört und seine Nerven können darunter leiden.

In Übereinstimmung mit der modernen Schlafforschung ist die Traumphase nach einem unterbrochenen Schlaf erholsam, weil man durch häufiges Aufwachen wieder in die Tiefschlafphase gelangen kann.

Krankheitsanzeigende Träume

Ältere Leute mit Herzleiden wachen des öfteren mit Atemnot und Herzklopfen auf. Bei dieser Störung helfen Hildegards Herzmittel, zum Beispiel der Jaspisstein, kalt aufs Herz gepresst und mehrmals wieder aufgelegt, sowie eine Galganttablette. Den Jaspisstein lässt man die ganze Nacht hautnah am Körper liegen. Hildegard beschreibt in der *Scivias,* wie das (nächtliche) Herzklopfen manchmal ein Zeichen Gottes sein kann, die unvernünftige Lebensweise zu ändern. Erst dann kann der Mensch wieder richtig schlafen. Schlaflosigkeit bei Jugendlichen oder Alpträume kann man sehr schön mit einem Betonica-Schlafkissen vertreiben.

Prophetische Träume

Alle glücklichen Naturen, die nicht durch schwere Sünden und Laster beladen sind, können wie Adam und Eva oder Jakob im Schlaf himmlische Botschaften empfangen und prophetische Träume haben. Solche Menschen sind aber leider selten. Mit Hildegards Hilfe können wir in die Geheimnisse Gottes eingeweiht werden und wieder himmlische Botschaften und prophetische Träume empfangen.

Alpträume

Die Schlafvorbereitung sowie der Gedanke an die eigene Todesstunde erfordert von jedem Menschen ein vollständiges Loslassen der eigenen egoistischen Pläne und Projekte und ein Fallenlassen in die schützenden Arme Gottes.

Ein »gelöschter Wein« ist die beste Methode, um sich vom Tage zu distanzieren und sich auf einen guten Schlaf vorzubereiten. Dazu gehört auch ein Spaziergang vor dem Schlafengehen, mindestens eine Stunde an der frischen Luft, um Sauerstoff aufzutanken. Zusätzlich kann man eine Jaspisscheibe an einem Samtband tragen und ein Betonica-Schlafkissen stopfen, um sich damit auf einen guten Schlaf vorzubereiten.

Gelöschter Wein – bestes Antimelancholikum

Der gelöschte Wein ist Hildegards bestes und einfachstes Antimelancholikum. Er hilft zuverlässig und rasch, stärkt die schwachen Nerven und vertreibt den Kummer und Ärger. 50 Prozent aller Nervenbeschwerden gehen auf Ärger zurück:

den eigenen, den des Partners oder anderer nahe stehender Menschen – Zorn und Ärger lassen die Galle überlaufen.

Den gelöschten Wein kann man schon morgens zu sich nehmen, wenn man mit dem falschen Bein aus dem Bett aufgestanden ist. Um einen solchen Tag zu retten, trinkt man als erstes den warmen, gelöschten Wein. Wenn es nicht reicht, je nach Stimmung, kann man auch gleich eine größere Menge kochen und sie in einer Thermosflasche mit zur Arbeit nehmen. Dann ist der Tag gerettet.

Gelöschter Wein:
Man nimmt $^1/_2$ Glas vom besten Wein, weiß oder rot, und erhitzt ihn, bis die Bläschen erscheinen. Dabei verlässt der Alkohol den Wein, denn er siedet bereits bei 80° C. Wenn man die Bläschen sieht, gießt man sofort einen Schuss kaltes Wasser in den erhitzten Wein, nimmt den Wein vom Feuer und trinkt ihn schluckweise noch warm. Es bleibt in der Regel ein Restalkohol von vier Prozent. Alkoholempfindliche Menschen und Kinder sollten nur ganz geringe Mengen davon zu sich nehmen.

Therapie-Erfolg: Alpträume – gelöschter Wein
Bei dieser Gelegenheit muss ich Ihnen auch meine Erfahrung mit dem »gelöschten Wein« beschreiben. Ich litt seit meiner Kindheit an regelmäßigen Alpträumen, die mich fast ständig plagten. Seitdem ich vor dem Schlafengehen $^1/_8$ l gelöschten Wein trinke, bin ich ausnahmslos davon befreit, und das seit eineinhalb Jahren.

Therapie-Erfolg: Alpträume – Betonicakraut
Frau B. hat jede Nacht Alpträume, die ihren Schlaf stören. Sie träumt z. B., »dass sie gestorben sei«. Seit sie das Betonica-Schlafkissen verwendet, hat sie nie mehr schlecht geträumt.

Zahnprobleme

Wer gesunde, kräftige und schöne Zähne haben will, gewöhne sich und seine Familie frühzeitig daran, die Zähne nach dem Aufstehen mit kaltem Wasser zu putzen. Ohne Zahnpasta, Chloride, Fluoride oder, was es sonst noch für moderne Putzmittel gibt, löst das Wasser den Belag an den Zähnen.

Frühzeitig in der Kindheit eingeübt, verhindert die Kaltwasserabhärtung die Verfärbung der Zähne und hinterlässt einen angenehmen, frischen Geschmack. Das warme Wasser zum Zähneputzen mag zwar angenehm sein, bewirkt aber gerade das Gegenteil und macht die Zähne weich.

Hildegard hat auch ein wunderbares Zahnpflegemittel für die Nacht:

> »Wenn das Fleisch um die Zähne fault und wenn die Zähne schwach sind, schütte warme Rebasche in Wein, so, als wolle man eine Lauge daraus bereiten. Mit diesem Wein wasche dir die Zähne und das Zahnfleisch; und tue das oft, so werden die Zähne kräftig und das Fleisch gesund. Wenn die Zähne aber gesund sind, nützt dieses Mundwasser auch. Sie werden schön.«

Rebaschenwein:
Vor dem Schlafengehen schüttelt man die Flasche mit dem Rebaschenwein kräftig, nimmt ein wenig von diesem Wein und putzt sich gründlich damit die Zähne. Nicht nachspülen,

nur ausspucken. Mit diesem guten Geschmack im Mund geht man schlafen. Durch die Behandlung verschwindet das lästige Zahnbluten, das Zahnfleisch wird gekräftigt und wächst wieder nach. Man erhält schöne glänzende Zähne.

Wie mir einige Patienten bestätigten, wird sogar der Gaumen so gekräftigt, dass die Zähne nicht mehr wackeln und das Zahnfleisch nachwächst. Haben Sie jemals die strahlenden weißen Zähne eines Afrikaners bewundert? Auch sie putzen sich mit Pflanzenasche die Zähne.

Zahnschmerzen

Bei intensiven Zahnschmerzen hilft rasch aber zuverlässig der einfache Zahnwehwein:

Zahnwehkräuter: Wermutkraut und Eisenkraut zu gleichen Teilen

Man nimmt 1–2 EL von der Kräutermischung und kocht sie in $^1/_4$ l guten Weißwein 2–3 Minuten lang kräftig ab. Nach dem Absieben trinkt man den Wein mit etwas Rohrzucker. Der Zahnwehwein schmeckt gallbitter. Deshalb muss mit Zucker (nicht mit Honig) gesüßt werden. Die warmen abgegossenen Kräuter werden als Kompresse auf die schmerzhafte Backe aufgebunden.

Der Zahnwehwein nimmt nicht nur den intensiven Zahnschmerz, sondern heilt auch Beinhautentzündungen, Wurzelgranulome und sogar Entzündungen an den Zähnen, sogenannte Herde. Auf diese Art und Weise kann man seine eigenen Zähne erhalten, bevor man sich dazu entschließt, sie ziehen zu lassen. Auch die Irritationen nach der Zahnbehandlung verschwinden.

Therapie-Erfolg: Herpes – Rebaschenwein

Mehrere Jahrzehnte lang litt ich unter Aphthen im gesamten Mundbereich, einschließlich der Zunge. Zeitweise war meine Zunge so stark befallen, dass sie dick angeschwollen war und mir das Essen und Sprechen sehr große Beschwerden bereitete. Ich konsultierte viele Ärzte und Zahnärzte. Sie gaben sich sehr viel Mühe, aber der Erfolg blieb aus. Da mir die Schulmedizin nicht helfen konnte, mied ich viele Speisen, die mir scheinbar Beschwerden machten und ernährte mich sehr einseitig. Dadurch wurde mein allgemeiner Gesundheitszustand immer schlechter. Vor einem halben Jahr klagte ich einer Apothekerin mein Leid. Sie riet mir zu Rebaschenwein aus der Hildegard-Apotheke. Schon nach Gebrauch einer Flasche war meine Dauerplage verschwunden. Es treten nur noch ganz selten und vereinzelt kleine Aphthen auf. Bei der Auswahl meiner Speisen brauche ich keine Rücksicht mehr auf meine Mundschleimhaut zu nehmen.

Therapie-Erfolg: Zahnschmerzen – Zahnwehwein
Die Patientin P. L. konnte wegen heftiger Zahnschmerzen zwei Tage lang nichts essen. Sie durfte den Zahn nicht mal berühren, dann schmerzte es schon. Der Zahnarzt wollte den Zahn ziehen. Bereits nach einmaligem Anwenden des Zahnwehweines waren die Schmerzen verschwunden.

Der Zahnkräuterwein eignet sich besonders gut zur Ausleitung von Schwermetallen, wie z.B. Quecksilber nach Zahnsanierung.
Weitere Anwendungen: Wurzelfranulome, Zahnherdsanierung und Dentalzysten.

Anhang

Aderlass, Schröpfen, Moxibustion

Vom Aderlass

»Sind bei einem Menschen die Gefäße mit Blut gefüllt, so müssen sie von dem schädlichen Schleim und dem durch die Verdauung gelieferten Saft durch einen Einschnitt gereinigt werden. Wird bei einem Menschen ein Gefäß angeschnitten, so erleidet das Blut, wie durch einen plötzlichen Schrecken, eine Erschütterung, und was dann zuerst zutage kommt, ist Blut, und fauliges und zersetztes Blut fließt gleichzeitig mit ab. Daher kommt es, dass das, was jetzt ausfließt, verschieden gefärbt ist, weil es aus Fäulnis und Blut besteht. Sobald die Fäulnis mit dem Blut ausgeflossen ist, kommt reines Blut heraus, und dann muss man mit der Blutentziehung aufhören. Macht man bei einem sonst gesunden und kräftigen Menschen einen Aderlass, so soll die Menge des gelassenen Blutes soviel betragen, wie ein kräftiger, durstiger Mann auf einen Zug Wasser trinken kann. Wenn einer körperlich schwach ist, soll der Aderlass soviel betragen, wie in ein Ei von gewöhnlicher Größe hineingeht. Denn ein Aderlass, der über das Maß hinaus vorgenommen wird, schwächt den Körper gerade so wie ein Regenguss, der ohne Maß auf die Erde fällt, diese schädigt. Eine richtig bemessene Blutentziehung aber beseitigt die schlechten Säfte und sorgt für den Körper wie ein Regen, der langsam und in nicht zu großer Menge auf die Erde fällt, diese bewässert und befähigt, Frucht hervorzubringen.«

Über den Aderlass

Was bewirkt der Aderlass? Er

- beseitigt schädliche, verderbliche und krankmachende Stoffe im Blut
- verhindert die Entstehung von Krankheiten, Verkalkung der Gefäße und die Bildung schlechter Blutwerte
- vermindert zu hohen Blutdruck, Emboliegefahr (Thrombose) und Risikofaktoren (wie z.B. hohe Cholesterin- und Blutfettwerte)
- regt die Blutbildung, Hormonbildung, den Kreislauf, das körpereigene Immunsystem an
- erhöht die Lebenserwartung, Vitalität und Leistungsfähigkeit sowie die Gesamtdurchblutung
- erneuert und reinigt das Blut und stabilisiert den Gesundheitszustand

Darüber hinaus wird er als eigene Therapie bei Herzbeschwerden, Depressionen, Leber- und Milzleiden, Atembeschwerden, Sehschwäche, Durchblutungsstörungen, Kopfleiden und bei vielen weiteren Indikationen eingesetzt.

Wann wird der Aderlass durchgeführt?
Am Vollmondtag und fünf Tage danach.

Wie oft sollte er durchgeführt werden?
In der Regel einmal jährlich; bei gravierenden Beschwerden zweimal.

Wer darf zur Ader gelassen werden?

- Der Mann vom 30. bis zum 80. Lebensjahr (bei Krankheit auch schon ab dem 20. Lebensjahr, aber nur wenig).
- Die Frau vom 12. bis 100. Lebensjahr.

Der Aderlass sollte nicht bei ausgeprägter Körperschwäche und zu starker Blutarmut, akuten Infektionskrankheiten (Fieber) und akuten Angina pectoris-Anfällen durchgeführt werden.

Wer darf einen Aderlass vornehmen?
Nur ausgebildete Ärzte und Heilpraktiker.

Besonderheiten
Zum Aderlass muss man ganz nüchtern sein (auch keine Medikamente oder Getränke zu sich nehmen) und danach zwei bis drei Tage (bzw. eine Woche) lang eine spezielle Diät einhalten sowie Stress und zuviel Licht meiden (z. B. Fernsehen und keine Computerarbeit).

Vom Schröpfen

»Schröpfen ist zu jeder Zeit gut und nützlich, damit die schädlichen Säfte und Schleime, die sich im Menschen befinden, vermindert werden. Die Schleime sitzen zum größten Teil zwischen Haut und Fleisch, und sie sind dem Menschen besonders nachteilig. Indessen passt das Schröpfen mehr für Jünglinge wie für Greise, weil die Jungen reicher an Säften sind wie die Alten. Auch passt das Schröpfen mehr im Sommer wie im Winter, weil die Menschen im Sommer mehr frische Nahrung mit jungem, kräftigem Saft genießen wie im Winter, woher sie sich auch frische Schleime zuziehen. Die aber weiches und fettes Fleisch haben, können sich in einem Monat zweimal durch Schröpfen Blut entziehen lassen. Magere hingegen sollen dies, falls es notwendig erscheint, nur einmal in jedem beliebigen Monat tun. Wer an den Augen, den Ohren oder am ganzen Kopf Schmerzen hat, soll das Schröpfhorn oder den trockenen Schröpfkopf an der Grenze zwischen Hals und Rücken ansetzen. Wer aber an der Brust leidet, muss das Schröpfhorn an den Schulterblättern ansetzen, wer an Schmerzen in der Seite leidet, es an jedem Arm und da, wo die Hand aufhört, aufsetzen, oder wenn er in den Schenkeln Schmerzen empfindet, soll er es an den Seiten des Unterleibes ansetzen, oder wenn er an den Schamteilen gequält wird, es zwischen Gesäß und Kniekehle, das heißt an den Oberschenkeln anbringen. An den Waden dagegen wie auch an den Schienbeinen soll nicht oder nur ausnahmsweise geschröpft werden, weil dort mehr Blut vorhanden ist wie Säfte, es sei denn wegen großer, durch die Safte bedingter Notwendigkeit. Man darf die Säfte nicht dorthin ziehen, weil der ganze Körper von den Beinen getragen wird.«

Über das Schröpfen

Was bewirkt das Schröpfen? Es

- beseitigt die schädlichen, krankmachenden Säfte und Schleime im Bindegewebe
- entfernt schädliche Säfte, die den ganzen Kopf belasten, Kopfschmerzen auslösen und die Sinnesorgane schwächen (Augen, Ohren, Nase, Rachen)
- entfernt krankmachende Säfte, die die Bronchien, Lunge, Herz, Milz, Leber, Eingeweiden und die Sexualorgane belasten
- beseitigt Schmerzstoffe, die den ganzen Rücken belasten (Rückenschmerzen, Hexenschuss, Ischialgie)
- beseitigt den Lymphstau in den Beinen und verhindert Venenentzündungen und Krampfadern

Was muss man vorher beachten?
Der Patient muss nüchtern sein. Damit aber das Herz nicht

geschwächt wird, soll man vor dem Schröpfen ein wenig Brot und Wein genießen.

Wie wird geschröpft?
Mit einem Schröpfschnepper wird die Haut über den Schmerzstellen oder Reflexzonen links und rechts der Wirbelsäule kurz angeritzt. Darüber setzt man rasch einen Schröpfkopf, in dem sich ein mit Alkohol getränkter Watteball befindet, der kurz zuvor angebrannt wird. Man muss dabei geschickt und rasch arbeiten und den Schröpfkopf so auf die Haut setzen, dass sich durch das Vakuum im Schröpfkopf die Schröpfstelle 2–3 cm tief in den Schröpfkopf hineinzieht und die Schmerzstelle von entzündungs- und schmerzerregenden Krankheitsstoffen befreit wird.

Wie oft darf geschröpft werden?
Drei- bis viermal im Jahr; oft genügt ein einziges Mal für eine Besserung.

Wer darf andere schröpfen?
Nur ausgebildete Ärzte und Heilpraktiker.

Moxibustion oder bessere Durchblutung durch Brennkegel

»Die Moxibustion (das heißt die Anwendung der Brennkegel) ist zu jeder Zeit gut und nützlich, weil es, behutsam ausgeführt, die Säfte und Lymphstoffe des Unterhaut-Gewebes vermindert und dem Körper Gesundheit bringt. Es ist gut für Junge und Alte. Für die Jungen, weil, wenn der Körper noch wächst, auch die schlechten Säfte zunehmen. Für die Alten, weil Schleime zwischen Haut und Fleisch zurückbleiben, während Fleisch und Blut im Alter abnehmen.«

Wie bei der Schröpftherapie werden die Moxen auf den Reflexzonen des Rückens, besonders auf Schmerzpunkte, gehalten. Durch die Erwärmung öffnen sich die Blutgefäße und sorgen für eine gute Durchblutung, wodurch eine normale Versorgung von Muskeln, Organen und Geweben sowie eine bessere Entsorgung und Entschlackung einsetzt. Dadurch wirken die Moxen schmerzlindernd bei Kopfschmerzen und Schmerzen der Sinnesorgane.

> »Wer an den Augen, Ohren oder dem ganzen Kopf Schmerzen hat, soll nur leicht hinter dem Ohr (entlang der Halswirbelsäule) gebrannt werden. Wenn der Rücken weh tut, soll leicht zwischen den Schulterblättern gebrannt werden.
> Wer Schmerzen an den Eingeweiden hat, soll am Kreuzbein (Grenze zwischen Darmbein und Rücken) gebrannt werden. Wer viele Säfte im ganzen Körper hat, soll zwischen Schienbein und Wade gebrannt werden.«

Die Moxen eignen sich besonders gut zur Behandlung von Muskelversteifungen, Muskelverspannungen und bei rheumatischen Schmerzen wie Muskel- oder Gelenkrheuma. Wie Hildegard schreibt, können die Moxen auch bei Verdauungsbeschwerden, wie Magen-Darm-Spasmen, Gallen- und Nierenleiden sowie bei Unterleibskrämpfen verwendet werden, da die Wärmetherapie immer krampf- und schmerzstillend ist. Als absolute Kontraindikation können alle entzündlichen, tumorösen und fieberhaften Erkrankungen betrachtet werden; insbesondere Infektionen dürfen durch die Wärmetherapie nicht noch mehr angeregt werden.

Achtung! Eine Moxibustion darf nur von ausgebildeten Ärzten und Heilpraktikern durchgeführt werden.

Bäder, Packungen und Kompressen

Eschenblätterpackung (Rheumapatienten)
Ca. eine große Handvoll Eschenblätter pro betroffener Körperstelle mit $^1/_4$–$^1/_2$ l Wasser 5 Minuten abkochen, das Wasser danach abgießen und die warmen Kräuter 1–2 Stunden mit einer Mullbinde als Kompresse um die jeweilige Körperstelle binden. Das Ganze noch mit einer Plastikhülle (Müllsack) umgeben wegen der Gefahr von Flecken oder Feuchtigkeitsdurchlass.

Weizenkörnerpackung (Rückenschmerzen, Ischias)
1 kg Weizen mit 3 l Wasser 15 Minuten aufkochen, absieben, die warmen Körner auf ein Frotteehandtuch breiten und warm – nicht heiß – für 2 Stunden auf den erkrankten Bereich legen. Mit einem Zusatztuch die Packung befestigen, damit die Körner nicht herausfallen. Dazu auch Galgantwurzelwein servieren: 1 TL Galgantwurzel (geschnitten oder eventuell als Pulver) mit 250 ml Wein 3 Minuten abkochen, absieben und warm schluckweise trinken.

Maulbeerblätterbad (Hautprobleme)
100 g Maulbeerblätter mit 5 l Wasser ca. 15 Minuten aufkochen, absieben und den Abguss für ein Vollbad verwenden. Bei Teilbädern nur ca. 1,2–2,5 l Wasser verwenden. Man rechnet für ein Vollbad mit ca. 2–5 l Aufguss und für ein Teilbad 2 l bzw. 1 l für die Hände.

Zypressenbad (allgemeine Stärkung)
Eine Handvoll Zypressenzweiglein (ca. 8 Spitzen) pro Liter Wasser 15 – 30 Minuten aufkochen, absieben und als Aufguss heiß in reine Flaschen abfüllen (wenn die Flaschen ganz voll sind, ist die Haltbarkeit besser). Pro Vollbad eine Flasche davon benutzen.

Farnbad (Rheuma)
100 – 200 ml Sahne mit ca. 20 – 25 ml ätherischem Farnextrakt kurz mischen. Ergibt ein Vollbad.

Gerstenbad (körperliche Schwäche und Kraftlosigkeit)
1,5 kg Gerste mit 10 l Wasser 15–30 Minuten abkochen, absieben und die Flüssigkeit für ein Vollbad verwenden.

Haferdampfsauna (Rheuma mit Neurosen, Psychosen, Verfolgungswahn)
1 Tasse Haferkörner mit 1 l Wasser 15 Minuten aufkochen, absieben und diesen Extrakt als Saunaaufguß verwenden.

Eisenkrautkompresse (Hautprobleme, Abszesse, Eiterungen, Gürtelrose)
1 EL Eisenkraut (pro Hautstelle), 250 ml Wasser 2–3 Minuten abkochen, absieben und die warmen Kräuter in einer sterilen Mullbinde (Strumpfverband) als Kompresse auf die Wundstelle legen und 1 Stunde lang liegen lassen. Nach Eintrocknen der Kompresse je nach Wundart zwei- bis dreimal täglich erneuern.

Brennesselsaft-Hanf-Kompresse (Krampfadern, Thrombosegefahr)
Am 1. Tag Brennesselsaft 1:5 mit Wasser verdünnen (= 1 EL Brennesselsaft mit 5 EL Wasser), mit einer Sprühflasche die betroffene Hautpartie damit einsprühen. Einige Hanffasern (von Seilerhanf) ebenfalls damit befeuchten und über die

Beine binden. Mit einer Mullbinde fixieren. 1–2 Stunden Beine hochlagern. Am 2. Tag Brennesselsaft mit Wasser 1:3 verdünnen, am 3. Tag 1:1 verdünnen. Vom 4.–10. Tag puren Brennnesselsaft verwenden. Die Anwendung bleibt die gleiche alle Tage hindurch.

Leinsamenkompresse (Verbrennungen, Juckreiz) 1–3 EL Leinsamen in 1 l Wein kurz abkochen, absieben und durch die schleimige Flüssigkeit ein steriles Leinentuch ziehen, das man direkt auf die Wundstelle legt (Vorsicht: Nicht zu heiß!). Etwa 1 Stunde darauf liegen lassen, und wenn es getrocknet ist, wieder erneuern. Bei Bedarf dreimal täglich, bis die Wundheilung einsetzt.

Dinkelrezepte

Diese Rezepte sind dem Buch: *Die Ernährungstherapie der Hildegard von Bingen – Rezepte, Kuren und Diäten,* von Wighard Strehlow, Lüchow Verlag, entnommen, in dem Sie noch zahlreiche weitere Hildegard-Rezepte finden.

Frühstück

Habermus (für 2 Personen): 1 Tasse Dinkelschrot, -grütze oder -flocken, 2–3 Tassen Wasser, 1 klein geschnittener Apfel, Saft einer halben Zitrone, 1 Msp. Galgant, Bertram, Zimt, 1 TL Honig, 1 TL süße, gehackte Mandeln, 1 TL Flohsamen

Dinkelschrot in Wasser einrühren, unter ständigem Rühren zum Kochen bringen. Honig und Würze dazugeben und weiter köcheln lassen (ausquellen). Kochzeit: 5–10 Minuten. Äpfel in den letzten 4 Minuten dazugeben. Mandeln und Flohsamen auf das fertige Mus streuen. Würzen nach eigenem Geschmack. Saft einer halben Zitrone darüber ausdrücken.

Dinkelflocken (für 2 Personen): 1 Tasse Dinkelflocken, 2 Tassen Wasser, Galgant, Zimt, Honig

1 Tasse Dinkelflocken mit 2 Tassen kochendem Wasser aufgießen. Nach Belieben mit Galgant, Zimt und Honig abschmecken.

Dinkelkleie-Brötchen (12 Stück): 150 g Dinkelkleie, 150 g Dinkelschrot, 50 g brauner Rohrzucker, 1 EL Backpulver, $^1/_2$ TL Salz, 300 ml fettarme Milch, 3 Eier, 1 EL kaltgepresstes Sonnenblumenöl (Rosinen, Sultaninen, gehackte Mandeln)

Ofen auf 225 Grad vorheizen, trockene Backzutaten verrühren, Milch, Ei, Öl hineinrühren. Teig formen und bei 225 Grad 20 Minuten lang backen.

Warme Gerichte

Geröstete Dinkelgrießsuppe: 1 EL Butter, 60 g Dinkelgrieß, 1 l Hühnerbrühe oder Wasser, Salz, Suppengrün, 1 geschnittene Zwiebel, 1 EL gehackte Kräuter

Den Grieß und die Zwiebel in der Butter goldgelb anrösten, mit der Brühe (oder dem Wasser) ablöschen und die Gewürze hinzufügen. Nach dem Aufkochen die Flamme abdrehen und die Suppe ausquellen lassen. Die Kräuter am Schluss unterheben.

Dinkelmehlsuppe mit Fenchel: 1 Zwiebel, kleingehackt, 1 EL Butter, 40 g Dinkelmehl, 1 l Wasser oder Hühnerbrühe, 750 g Fenchelknollen, Bertram, Galgant, Salz, Quendel, gemahlener Fenchel, 1 EL Zitronensaft

Fenchel putzen, in feine Scheiben schneiden, Herzkraut aufheben. In $^1/_4$ l Salzwasser garen. Die kleingehackte Zwiebel und den Fenchel mit der Butter andünsten. Das Dinkelmehl einstreuen und goldgelb anrösten. Mit der Hühnerbrühe ablöschen, würzen, gut umrühren und bei schwacher Hitze ca. 5 Minuten aufkochen. Vor dem Servieren mit dem feingehackten Herzkraut garnieren.

Dinkelspätzle: 500 g Dinkelmehl, 1 TL Salz, 3 Eier, $^1/_2$ l lauwarmes Wasser, 2 l kochendes Salzwasser, 2 EL kaltgeschlagenes Sonnenblumenöl

Dinkelmehl mit Salz, Eiern und Wasser verrühren und glattschlagen. Teig etwas ruhen lassen, dann kräftig durchschlagen, bis Blasen entstehen. Mit dem Spätzleschaber sofort in 2 l kochendes Salzwasser schaben; ab und zu umrühren, damit die Spätzle nicht zusammenkleben. Einmal aufkochen. Wenn die Spätzle oben schwimmen, mit dem Schaumlöffel herausnehmen und in ein Sieb gießen. Kurz mit kaltem Wasser abschrecken, warmstellen. Mit gedünstetem Gemüse, Salat und Fisch servieren.

Dinkelknödel: 2–3 Scheiben Dinkelschrotbrot, 250 g Dinkelschrot, 100 g Dinkelgrieß, $^{1}/_{4}$ l Milch, $1^{3}/_{4}$ l Brühe, 2 Eier, 3 EL Parmesan, 1 Zwiebel, 50 g Butter, 1 Bund Petersilie $^{1}/_{2}$ TL Muskatnuss, 1 TL Bertram, 3 TL Majoran, 2 EL Schnittlauch, 1 TL Salz, 3 EL Sonnenblumenöl

Jeweils $^{1}/_{4}$ l Milch und Brühe mit Dinkelschrot und Dinkelgrieß vermischen und unter ständigem Rühren bei milder Hitze aufkochen. Herd abschalten und 30 Minuten quellen lassen. Zwiebel in Öl anbraten, mit kleingewürfeltem Dinkelbrot rösten, mit Eiern, Gewürzen, Kräutern, Parmesan unter die Dinkelmasse rühren. Zu Teig kneten und 30 Minuten ruhen lassen. Mit nassen Händen Knödel formen und in $^{1}/_{2}$ l siedender Brühe etwa 15 Minuten aufkochen. Wenn sie an die Oberfläche steigen, noch 10 Minuten garen lassen. Durch ein Sieb abgießen, mit Käse bestreuen und heiß zu Gemüse servieren.

Dinkelbratlinge: 1 Tasse Dinkelschrot, grob, 3 EL Butter, 2 Zwiebeln, 2 Eier, $^{1}/_{2}$ Liter Gemüse- oder Hühnerbrühe, Bertram, Muskat, 1 Prise Salz, Majoran, Petersilie, Dill, Knoblauch

Zwiebeln schälen und in Würfel schneiden. In Butter erhitzen und andünsten. Dinkelschrot zugeben und 5 Minuten unter Rühren mitrösten. Mit Brühe unter Rühren ablöschen. 15 Minuten köcheln und bei geschlossenem Topf 15 Minuten ausquellen lassen. Eier, Gewürze, Kräuter unter die Dinkelmasse heben, sie zu kleinen Bratlingen formen und mit wenig Öl von jeder Seite 10–15 Minuten goldbraun braten. Sollte die Masse nicht genügend binden, mit Dinkelkleie anreichern.

Dinkelpfannkuchen: 1 Tasse Dinkelmehl, 4 EL Dinkelschrot, grob, 1 EL Edelkastanienmehl, 250 ml Wasser/Milch, 3 Eier, 3 EL zerlassene Butter, Bertram, Galgant, Muskat, Nelke, Salz

Aus den Zutaten unter kräftigem Rühren (Mixer) einen Pfannkuchenteig bereiten, 1 Stunde stehen lassen, in leicht geölter Pfanne dünne Pfannkuchen auf beiden Seiten hellbraun backen.

Dinkelauflauf mit Gemüse: 1 Tasse Dinkelschrot, 2 EL Dinkelkörner, 1/2 l Gemüsebrühe, 3 EL Butter, 1 Zwiebel, 300 g Gemüsewürfel (Mohren, Fenchel, Sellerie), 1 Ei, 1 EL saure Sahne, Bertram, Galgant, Muskat, Nelke, Salz, Poleiminze, Petersilie, Basilikum, Paniermehl, 50 g geriebener Käse

Zwiebel schälen, würfeln, in heißer Butter mit Dinkel und Gemüse andünsten, mit Flüssigkeit unter Rühren ablöschen. In der Gemüsebrühe 15 Minuten köcheln und ausquellen lassen. Würze und Kräuter dazugeben und die ganze Masse in eine gefettete Auflaufform geben. Ei-Sahne-Mischung verquirlen und den Auflauf damit übergießen, mit Paniermehl und Käse bestreuen. Bei 225 bis 250 Grad 20–25 Minuten goldbraun backen.

Süßspeisen

Süße Dinkelgrütze: 250 g Dinkelgrütze oder -grieß, 1 l Milch, 2 EL Butter, 2 EL Rohrzucker oder Sirup, Zimt, Muskat, Nelken, 1 Prise Salz, 500 g Apfel- oder Quittenkompott

Milch mit Salz aufkochen, Grütze zugeben, 10 Minuten köcheln und 15 Minuten ausquellen lassen. Mit erhitzter Butter übergießen und mit Zucker und Zimt bestreuen. Zu Quitten-, Kirschen- oder Apfelkompott servieren.

Dinkelhefezopf: 1 kg Dinkelmehl, $^1/_3$ l Milch, 40 g Hefe, 1 TL Salz, 125 g Rohrzucker, 3 Eigelb, 200 g Quark, 125 g Butter, $^1/_8$–$^1/_4$ l Sahne, Eigelb oder Milch zum Bestreichen, gehobelte oder gesplitterte süße Mandeln

Aus den Zutaten einen Hefeteig nach Grundrezept bereiten. Beim Ausarbeiten den Teig entweder in zwei oder in vier Teile schneiden, je nachdem, ob man einen großen Zopf oder zwei kleinere haben möchte. Die Teile jeweils zu gleichmäßig dicken, langen, runden Stangen ausrollen (mit beiden Händen). Für einen Zopf braucht man stets zwei davon, die man als Bogen geformt übereinander legt und daraus einen Zopf flicht. Diesen auf ein gebuttertes Blech legen und nochmals aufgehen lassen. Vor dem Backen mit Eigelb oder Milch bestreichen und nach Belieben mit gehobelten oder gestiftelten Mandeln bestreuen. Bei guter Mittelhitze etwa eine gute halbe Stunde braun backen.

Dinkel-Dattel-Kipfel: 250 g Dinkelmehl, 2 Eier, 2 EL Kakao, 50 g gemahlene Mandeln, 100 g Rohrzucker, 150 g Butter. Füllung: 4 Eiweiß, 125 g Rohrzucker, 50 g geröstete kernige Dinkelflocken, 200 g Datteln (entkernt und zerkleinert), 2 EL Zitronensaft, 1 Prise Salz, 100 g Dinkelschmelzflocken

Aus obigen Zutaten einen Teig bereiten. Ausrollen und in Vierecke ausradeln. Jedes Viereck mit etwas Füllung versehen und zu einem Kipfel formen. Für die Füllung Eiweiß zu Schnee schlagen und die restlichen Zutaten unterheben. Den Zucker bereits kurz vor Steifwerden des Schnees dazuschlagen. Alles gut vermengen. Die gefüllten Kipfel auf ein gefettetes Blech geben und etwa eine halbe Stunde bei Mittelhitze backen.

Register

Krankheiten

Heilmittel und Rezepte

Weiterführende Literatur

Hildegard-Medizin

G. Hertzka/W. Strehlow: *Handbuch der Hildegard-Medizin.* Verlag Hermann Bauer, Freiburg, 8. Auflage 1996.

G. Hertzka/W. Strehlow: *Große Hildegard-Apotheke.* Verlag Christiana.

W. Strehlow: *Die Ernährungstherapie der Hildegard von Bingen. Rezepte, Kuren, Diäten.* Lüchow Verlag, Stuttgart 2003.

W. Strehlow: *Die Psychotherapie der heiligen Hildegard. Heilen mit der Kraft der Seele.* Lüchow Verlag, Stuttgart 2004.

W. Strehlow: *Hildegard-Heilkunde von A-Z.* Droemersche Verlagsanstalt Th. Knaur Nachf., München 1993.

W. Strehlow: *Das Hildegard von Bingen Kochbuch.* Wilhelm Heyne Verlag, München.

W. Strehlow: *Altes Heilwissen für die Krankheiten von heute.* Knaur Verlag, München 2004.

W. Gollwitzer/W. Strehlow: *Zeitschrift für alle Hildegardfreunde.* Fa. Jura, Konstanz

Weitere Hildegard-Werke

M. Böckeier: *Wisse die Wege* (Scivias). Otto Müller Verlag, Salzburg 1975.

E. Gronau: *Hildegard von Bingen.* Christiana Verlag, Stein am Rhein, 1985.

M.-L. Portmann: *Heilmittel,* Übersetzung der Physica mit Berücksichtigung aller Handschriften; Basler Hildegard-Gesellschaft, Verlag Herder, 1982/83.

H. Schipperges: *Der Mensch in der Verantwortung,* Otto Müller Verlag, Salzburg 1972.

H. Schipperges: *Welt und Mensch,* Otto Müller Verlag, Salzburg 1965.

H. Schulz: *Ursachen und Behandlung der Krankheiten* (Causae et Curae), Karl F. Haug Verlag, Heidelberg, 7. Auflage 1992.

Klassische Hildegard-Medizin – das Gesundheitsprogramm Dr. Wighard Strehlow:

- Herz- und Kreislauferkrankungen
- Magen- und Darmleiden
- Krebs und Abwehrschwäche
- Rheuma und Gicht
- Hautkrankheiten
- Frauen-Heilkunde, Strehlow Verlag, Allensbach